関西経済とアジア

―歴史的視座からの考察―

西村雄志
岩橋　勝
木山　実
西村成弘
石川亮太
北波道子 著

関西大学出版部

序　章

関西経済とアジア

西　村　雄　志

1. はじめに

　本論文集は 2020 年度から 4 年間関西大学の経済・政治研究所で組織されていた「近代関西経済の発展とアジア・アフリカの国際関係史」研究班の成果である。当初はアフリカとの関係性も検討した論考も収録したいと考えていたが、諸々の事情で叶わなかった。そのためタイトルから「アフリカ」の文字を割愛した。研究班では当初「近代」の関西経済の発展を考察対象と考えていたので、江戸期や第二次世界大戦後の関西経済についてはテーマとして考えていなかったが、研究班を運営する中で班員の関心が広がったこともあり、本論文集では取り上げる時期を当初より拡大している。そのため江戸期の関西経済に関する言及や第二次世界大戦後の大阪経済の国際関係についての分析も含まれている。

　よく知られている様に、江戸期以来、堂島の米市場に代表される高度な市場経済が発達していた大阪は、幕末開港の混乱を経て日本の工業化を牽引する「工都」となり「東洋のマンチェスター」と表現されるようになり、そして大正期から昭和にかけて「大大阪」と呼ばれる経済においても文化においても日本を牽引する大都市へと変容した。[1] そして阪神地域では紡績業を軸として工業化が進展し、それに伴う原材料の輸入や製品の輸出の拡大によって神戸は横浜と並ぶ国際貿易港として発展を遂げた。また京都では長年にわ

---

(1) 阿部武司・澤井実『東洋のマンチェスターから大大阪へ：経済でたどる近代大阪のあゆみ』大阪大学出版会、を参照。

たり西陣織や清水焼というセラミックと繊維の伝統技術の蓄積があることに加え、明治期に国の研究機関の舎密局が大阪から京都に移され、当時の最先端の技術に触れる機会を得たこともあり、伝統技術の近代化が進み京都の産業も新たなかたちで発展することが出来た。(2)西陣織の場合、フランスのリヨンから新たな技術を導入したことにより、それまで一部の人向けの商品であったものがより大衆向けに市場販路を拡大することに成功した。このような関西における明治期以降の経済発展の最大の特徴と言えるのは、その活力の中核を担ったのが民間の力ということであり、銀行制度や特許制度もまたこうした民間の活動をサポートするかたちで整備されていった。

　先行研究に関しては、近代移行期以降の関西経済史研究の中心が大阪経済史になっている点は歪めない。これらの大阪経済史の初期の研究は宮本又次や作道洋太郎によって牽引され、その後も多くの研究者によって膨大な実証研究が積み重ねられており、現在も様々な研究者により近代移行期以降の大阪経済史研究は発展を遂げている。(3)最近では江戸期の大阪における金融に携わった商人たちの活動や江戸後期から明治・大正・昭和の大阪で成功を遂げてきた商人たちの一次資料を用いた詳細な実証研究等、近代移行期だけでなく江戸後期の大阪経済の躍動についても数多くの成果の発表されている。(4)その点では近代大阪経済史研究は今もなお発展の途上にあると言える。しかしながら神戸や京都に関しては、大阪と比較して包括的な経済史・経営史研究は未だ十分に蓄積されているとは言えず、今後の課題として残されている。

---

(2) 21世紀の関西を考える会『20世紀の関西：歴史から学び将来を展望する』21世紀の関西を考える会、2000年、195ページ。

(3) ここでは以下の研究を挙げておく。阿部武司『近代大阪経済史』大阪大学出版会、2006年；宮本又郎「大阪経済の歴史的眺望：伝統と革新の系譜」『経済史研究』17巻、2014年；澤井実『現代大阪経済史：大都市産業集積の歴史』有斐閣、2019年。

(4) ここでは以下の研究を挙げておく。萬代悠「三井大坂両替店の都市不動産経営」『三井文庫論叢』53号、2019年；高槻泰郎（編著）『豪商の金融史：廣岡家文書から解き明かす金融イノベーション』慶應義塾大学出版会、2022年；萬代悠『三井大坂両替店：銀行業の先駆け、その技術と挑戦』中央公論新社、2024年。

序　章　関西経済とアジア

　本論文集は対象時期を近代移行期から戦後の関西経済の発展を分析対象として取り上げているが、その時期の関西経済を包括的に捉えることを目的としているのではない。むしろ事例研究をさらに深化させることを目的としている。そのため各論文の繋がりが見出されない等の問題点があるものの、それらは各執筆者の問題関心が多方面に広がった結果であり、むしろ前向きなものとして捉えている。今後、各執筆者がこの研究班で得られた知見を各々の分野でさらに発展させて頂ければ研究班を組織した主幹としては幸いである。

　以下、関西の産業と金融をまず概観し、その後に幕末開港以降の神戸を中心とする「アジア市場への開港」とそのことが関西経済にどのような影響を与えたのか言及し、そして居留地貿易から工業化型貿易へ神戸がどのように変容を遂げ、その過程でアジアとどのような関係性を構築していったのか、簡単にまとめている。序論の位置付けとして、本論文集の取り上げる時期の背景を大雑把に把握するためのものであるため、抜け落ちている重要な論点や記述が多々あることは重々承知していると予めお断りしておきたい。

2. 関西の産業と金融：概観

　幕末開港以降の関西における産業と金融の歴史を概観するとき、没落した局面が4つあると言われる。最初は幕末から明治維新の時期、2回目は昭和16年以降の統制の時期であり、重化学工業等の戦時産業や金融機能が東京に集中した時期である。3回目は朝鮮戦争後に日本政府の産業政策が重化学工業に軸足を移した時期であり、新たな重化学工業は東京周辺に集中したため、金融の中枢機能も東京に集められていった。そして4回目は1990年代以降の金融自由化が加速した時期であり、東京の金融市場がより一層活発化する中、関西の金融機能の担う役割はこの時期に著しく低下した。[5]本章では3回目の没落期の頃まで考察する。

　江戸期の経済システムは基本的に年貢として集められた米を基盤とした大

---

(5)　21世紀の関西を考える会『20世紀の関西』79ページ。

名領主制の経済と言える。「天下の台所」と呼ばれた全国的な商品流通の結節点として、各藩で集められた米の取引を軸に様々な商品が取引された。そしてそれら取引に伴う金融取引に関しても、両替商を中心に発展を遂げていた。しかし、江戸末期になると、大阪の商人は政治の混乱に翻弄されるようになる。具体的には幕府と新政府から巨額の戦費を求められ、その結果、大坂の商人たちは大きな経済負担を強いられた。

　そのような貢献にも関わらず、明治維新以降の新政府の経済政策により、大坂の経済は大きな試練に立たされた。具体的には、貨幣制度の改革に伴う銀目の廃止、廃藩置県に伴う大名を中心とする領主経済の終焉と蔵屋敷の廃止、各藩に貸し付けていた膨大な債務の大半の放棄、株仲間の解散等、それまで経済活動を支えていた制度的基盤が崩されたことにより、大坂の経済活動は大きく混乱し、その混乱は西南戦争の頃まで続いた。こうした大坂経済の混乱を収拾し、新たな近代的な経済都市への移行を推進した人物が五代友厚である。五代友厚は大阪商法会議所（のちの大阪商工会議所）の初代の会頭としてこの時期の大阪経済の再出発に大きな役割を果たした。他にも岩崎弥太郎が三菱商会を大阪に設立している。また、江戸期から大阪を拠点として活躍していた豪商の流れをくむ商家として住友家と鴻池家があるが、この時期になると住友は別子銅山の近代化を推進し、広瀬宰平が主導的な役

---

(6) 江戸期大坂の米市場に関する研究は枚挙に暇がないが、ここでは以下の文献を挙げておく。宮本又郎『近世日本の市場経済：大坂米市場分析』有斐閣、1988年；髙槻泰郎『近世米市場の形成と展開：幕府司法と堂島米会所の発展』名古屋大学出版会、2012年。

(7) ここでは以下の文献を挙げておく。中川すがね『大坂両替商の金融と社会』清文堂出版、2003年；石井寛治『経済発展と両替商金融』有斐閣、2007年；鹿野嘉昭『日本近代銀行制度の成立史：両替商から為替会社国立銀行設立まで』東洋経済新報社、2023年。

(8) 五代友厚の活躍については、宮本又郎『商都大阪をつくった男五代友厚』NHK出版、2015年、を参照。

(9) 1870年に土佐藩の海運事業を継承した九十九商会として設立。1872年に三川商会と改称。1873年に岩崎弥太郎が社主となり三菱商会と改称。1874年に本社機能を東京に移している。

割を担った。その後も住友の場合は伊庭貞剛や鈴木馬左也といった住友家以外の経営者が実権を握るようになり、所有と経営の分離が早い段階から進んだ。鴻池家も土居通夫をはじめとする外部の有能な人材を登用する事により、自らの事業の近代化を推進していった。また1872年に近江商人の伊藤忠兵衛も大阪に進出しており、この時期の大阪には各地から有能な人材が集まってきていた。

　その後、1877年に勃発した西南戦争に伴う軍需物資の調達をきっかけとして、大阪経済は再び活況を呈した。大阪の周辺地域を中心に軽工業が勃興し、特に新たな紡績機を導入した紡績工場が阪神地域に設立されたことは、日本の近代工業の発展にとって大きな端緒となったと言える。大阪紡績の他、摂津紡績、平野紡績、尼崎紡績が設立され、これらは既に日清戦争前には稼働していた。また1881年にE.H.ハンターが大阪鉄工所を設立しており、1886年に川崎重工業に払い下げられた兵庫造船所とともにこの時期の関西経済における新たな産業の先駆けとなった。そして紡績業を軸とする軽工業に主導されるかたちで関西経済は発展を遂げ、日清戦争の頃には更なる発展を遂げた。その結果、紡績業の原料の綿花の輸入が急拡大し、神戸の貿易額もそれに伴って拡大した。また日露戦争の頃になると、紡績業だけでなく雑貨や機械産業も発展を遂げた。しかし、その水準は欧米の国々と比較

(10)　宮本又郎『日本の近代11　企業家たちの挑戦』中央公論新社、1999年、106-126ページ。
(11)　阿部『近代大阪経済史』39-44ページ。
(12)　宮本又郎『日本企業経営史研究：人と制度と戦略と』有斐閣、2010年、第3章。
(13)　宮本又次「貿易商社の源流」宮本又次・栂井義雄・三島康雄（編）『総合商社の経営史』東洋経済新報社、1976年、21ページ；末永國紀「近江商人初代伊藤忠兵衛の大阪時代」『大阪商業大学商業史博物館紀要』第17号、2020年、43-44ページ。
(14)　阿部武司『日本綿業史：徳川期から日中開戦まで』名古屋大学出版会、2022年、第2章。
(15)　宮本『企業家たちの挑戦』209-210ページ。川崎重工業に対する兵庫造船所の払い下げに関しては、小林正彬『日本の工業化と官業払下げ：政府と企業』東洋経済新報社、1977年、第9章ならびに三島康雄「官営兵庫造船所の貸下げ過程」『甲南経営研究』第31巻4号、1991年、も参照。

して依然として低く、これらの国々への依存度は高いままであった。こうした中、大阪の企業が互いに強い結びつきを組織して工業の発展を期する団体創設の機運が高まった。そして1914年に大阪工業会が設立された[16]。

　金融に関しては、幕末開港から明治最初期の頃に海外との貿易の円滑化を意図して通商会社や為替会社が設立されたが、その多くが失敗に終わった。神戸にも為替会社が設立されたが、最終的には失敗に終わっている。明治政府は1872年に伊藤博文が主導して国立銀行条例を制定し、4つの国立銀行が全国に設立された。日本銀行の設立前でもあり、これらの国立銀行が発券銀行の役割も担い、同時に商業銀行の役割も担うというかたちであった。関西においては鴻池家が第三国立銀行の設立に動いたが頓挫し[17]、その後1877年に第十三国立銀行を設立したものの1897年に満期終了している[18]。住友家は銀行業ではなく並合業（商品担保金融）に1875年に進出している[19]。その後、1876年に国立銀行条例が改正され、日本全国に最終的に153の国立銀行が設立された。そのうち大阪に本社機能を置いた国立銀行は14行であり、他に三井銀行や安田銀行といった私立の銀行も大阪に支店を設置していた[20]。新たな国立銀行条例で設立された国立銀行は紙幣を発行することが出来たため、この時期には大量の不換紙幣が流通するようになり、関西経済も大きく混乱した。そのため、それらを整理して兌換銀行券を発行するために松方正義はデフレ政策を実施し、同時に中央銀行の機能を担う日本銀行を1882年に設立している。その結果、デフレ政策に伴う不況は発生したものの日本経済の混乱は総じて収束する方向に向かった。同時に紙幣発行権を喪失した国立銀行の多くが廃業している。その後、日清戦争の勝利で獲得した賠償金を元手に日本は1897年に金本位制に移行し、19世紀後半の国際的な金銀比価

---

(16) 大阪工業会（編）『春秋：大阪工業会88年のあゆみ』大阪工業会、2003、4ページ。
(17) 阿部『近代大阪経済史』172-173ページ。
(18) 宮本『日本企業経営史研究』82-83ページ。
(19) 阿部『近代大阪経済史』38ページ。
(20) 明治期の大阪における銀行業に関して、主に銀行経営者が果たした役割を中心に分析した研究として、高嶋雅明「大阪における銀行業の発展と銀行経営者」作道洋太郎（編）『近代大阪の企業者活動』思文閣出版、1997年、を参照。

序　章　関西経済とアジア

の動揺の中で不安定であった通貨制度の安定化に成功した。この点も関西経済だけでなく日本全体の経済活動の安定化に資するものになった。

　その後、1904年に日露戦争が勃発し、日本は辛くも勝利を収めるものの巨額の軍費を外債で調達したため⁽²¹⁾、戦後はその支払いに大変苦慮することになった。加えて貿易収支も入超が続いており、国際収支を外債の発行で調整せざるを得ない状況が続いていた。そのため日本の保有する金準備は減少傾向を示すようになり、この時期の通貨制度は不安定なものになっていた。また日露戦争時に増設された過剰設備の問題も生じていたため、日露戦後から第一次世界大戦までの日本経済は不安定な状況であった。しかしながら、この時期に横浜正金銀行をはじめ日本の銀行が中国大陸の各地に支店や出張所を設置したことから、貿易金融に対する円滑な支援が可能になったこともあり、関西と中国大陸や朝鮮半島の間の貿易金融に関しては総じて大きな混乱は生じていなかったと言える⁽²²⁾。

　1914年に勃発した第一次世界大戦は、不安定な状況にあった日本経済だけでなく関西経済にも大きな天佑をもたらした。日英同盟を踏まえて連合国側に立った日本は、軍需品を含めた様々な商品を連合国の国々に輸出するとともに、戦争により欧州各国との貿易が縮小していたアジアやアフリカ、中南米の市場に向けても日本製品の輸出を拡大させ、その結果、この時期の日本経済はその規模を急激に拡大させた。そのような第一次世界大戦の好景気を象徴する組織が鈴木商店であった。この時期の鈴木商店は三井や三菱と並ぶ企業グループに成長しており、日本経済を牽引する立場に成長していた⁽²³⁾。他には川崎造船所が1906年に鉄道車両建設と鉄鋼業へ進出しており、兵庫

---

(21)　日露戦争時の外債発行に関しては、T. Suzuki, *Japanese government loan issues on the London capital market, 1870-1913*, Athlone Press, 1994, を参照。

(22)　この時期の横浜正金銀行の中国大陸における活動に関しては、白鳥圭志「産業革命期の横浜正金銀行：中国大陸におけるビジネスの拡大と組織的経営管理体制の成立」『地方金融史研究』51号、2020年、を参照。

(23)　鈴木商店の研究は既に数多く発表されている。ここでは以下の文献を挙げておく。桂芳男「産業企業の育成と商社：鈴木商店」宮本又次・栂井義雄・三島康雄（編）『総合商社の経営史』東洋経済新報社、1976年。

分工場で本格的な生産を開始した。このように第一次世界大戦期に関西でも大きな工場の設立が続いた。また欧米諸国から化学製品の輸入が減少したこともあり、この時期に化学製品の国産化が進んだ。都市部を中心に電力需要も急速に高まったこともあり、宇治川電気が設立されたのもこの時期である。

　第一次世界大戦後も欧米諸国を中心に金本位制が停止されていたこともあり、日本も 1916 年から事実上停止していた。また戦時中の好況もあり、戦後もインフレ傾向が続いていた。そのような経済的背景もあり、この時期の関西には後の関西経済を牽引する企業が多く設立された。代表的な企業としては松下電気器具製作所やグリコが挙げられ、大正デモクラシーの新たな自由な空気もあり、この時期の関西経済は新たな文化とともに発展を遂げていた。このような企業の多くが高等教育を受けた専門経営者に経営一般を委ねており、所有者は経営に関与しないかたちを採用していた。資本と経営の分離がこの時期に急速に進んだと言える。

　1920 年に株式相場が急落したことにより、それまでの日本経済の好況は一変した。関西の場合、増田ビルブローカーの経営危機が重なり、戦後不況は深刻なものとなった。そのため経営不振となる企業が数多く現れ、その結果、企業の統合が急速に進み、住友をはじめとする財閥の力もそれに合わせて強まった。そのような戦後不況に追い討ちをかけるかたちで 1923 年に関東大震災が起こった。震災の被害を避けて関東から関西に避難してきた企業も多くあり、関東の地盤沈下が進む中、関西経済の中でも特に大阪はこの時期に日本経済を牽引する「工都」としてその地位を高めることになった。

---

(24)　川崎重工業株式会社百年史編纂委員会（編）『夢を形に：川崎重工業株式会社百年史』川崎重工業株式会社、1997 年、20-21 ページ。
(25)　阿部『近代大阪経済史』234 ページ。
(26)　創業者の江崎利一に関しては、宮本又郎『江崎利一：菓子産業に新しい地平を拓いた天性のマーケター』PHP 研究所、2018 年を参照。
(27)　宮本『企業家たちの挑戦』244-278 ページ。
(28)　増田ビルブローカーの経営危機に関しては、とくに望月和彦「金融機関の破綻と市場機能の崩壊（1）増田ビルブローカー銀行の破綻」『桃山大学経済経営論集』第 55 巻 1・2 号、2013 年、135-141 ページを参照。

しかし、関西経済を牽引していた紡績業の場合、この時期になると中国大陸の市場で競争力が低下していた。同じく織布業の方も競争力が低下していた。その要因の一つは第一次世界大戦を画期に中国において紡績業や織布業が発展したことであり、価格面で不利な状況に陥ったことで日本の紡績業は中国市場における競争力を大きく低下させた。そのため関西の紡績あるいは織布の工場では操業短縮を実施せざるを得なくなり、仕事を失った労働者はその不満を増幅させた。また関西の紡績企業の中には中国大陸（主に上海）に工場を設立し、現地生産に軸足を移す企業も出てきた。いわゆる在華紡と呼ばれる企業であるが、彼らが工場を中国大陸に設立したことにより、日本国内の労働者はさらに仕事を失う結果となった。無論、全ての工場が閉鎖されたものではなく、加工綿布やメリヤス等、付加価値をつけた競争力のある綿製品の生産は引き続き日本国内で行われており、こうした産業構造の「高度化」に成功した企業は引き続き日本国内で工場を稼働し続けていた。しかしながら、海外の市場での競争に太刀打ちできなくなった産業に関しては、徐々に日本国内の産業構造の中から駆逐されていった。その後、日本は金本位制から離脱して「金の足枷」をはずしたことにより、円相場は英ポンドに対して円安方向に誘導され、その結果、1930年代の日本経済は輸出主導で急速に回復していく。

　再び金融に話を移す。明治期中葉以降、阪神地域の工業化とそれに伴う神

---

(29)　阿部『日本綿業史』367-373ページ。

(30)　1920年代に中国大陸に進出した在華紡の事例研究として、橋口勝利「近代日本綿業の対中国投資：在華紡と同興紡織株式会社」『三田学会雑誌』第116巻2号、2023年を参照。

(31)　「金の足枷」論に関しては、B. Eichengreen, *Golden Fetters: The Gold Standard and the Great Depression 1919-1939*, Oxford University Press, 1992, を参照。また中国も1935年の幣制改革の結果、英ポンドに対して元安方向に誘導したことにより、輸出主導で工業化を加速させることに成功した。この時期の日本と中国は、政治的軍事的対立にもかかわらず、英米との協調を通して、事実上相互補完的な工業化政策を採用しており、その中でもとくに共に為替切り下げ政策をとり続けた点が特徴と言える。いわゆる「工業化型通貨秩序」が1930年代の東アジアに成立した（杉原薫「東アジアにおける工業化型通貨秩序の成立」秋田茂・籠谷直人（編）『1930年代のアジア国際秩序』渓水社、2001年）。

戸の対外貿易の拡大により、対外貿易金融の重要性は急速に強まった。明治最初期はオリエンタル銀行や香港上海銀行をはじめとする英系外国銀行が独占していたが、横浜正金銀行の神戸支店が設立されて以降は対外貿易金融において横浜正金銀行の担う役割は大きくなった。そして第一次世界大戦が勃発して輸出の拡大に伴う好景気が訪れると、横浜正金銀行以外の銀行も海外に支店や出張所を設けて海外事業への進出を図った。関西においてそのような海外進出の先駆的な役割を担ったのが住友銀行であった。住友銀行は1916年にサンフランシスコや上海、ボンベイに支店を設け、1918年にはロンドンとニューヨークにも進出しており、1920年代にかけて急速に海外のネットワークを構築していった。他の普通銀行と比較しても早期に海外進出を進めており、日本全体で見ても海外進出の先駆であったと言える[32]。住友銀行以外の銀行としては1918年に大阪野村銀行が設立されており、1925年に証券部門が分離して野村證券が設立されている[33]。また1915年に無尽業者に関する法律が制定されたことも、その後の関西における相互銀行の発展を考える上で重要な出来事であったと言える[34]。

　1920年代の中葉になると、金融恐慌は深刻さの度合いを増しており、特に1923年の関東大震災に伴う震災手形を抱えた一部の銀行では信用不安が強まっていた。その中でも特に関西の場合において、鈴木商店の経営不振とそれに伴う金融不安が大きな問題となっていた。

　鈴木商店の代表的なメインバンクは台湾銀行であった[35]。1910年代の好況時には積極的な融資を行なっていたものの、その後の業績不振の最中、台湾銀行は1927年に新規の貸し出しを停止したため、鈴木商店は不渡りを出す

---

[32] 住友銀行行史編纂委員会（編）『住友銀行百年史』住友銀行行史編纂委員会、1998年、101-112ページ。

[33] 森泰博「大阪における証券業者の抬頭」作道洋太郎（編）『近代大阪の企業者活動』思文閣出版、1997年、299-305ページ、を参照。

[34] 無尽会社に関しては今城徹「戦間期大阪における中小商工業向け金融機関の展開」『社会経済史学』第69巻6号、2004年を参照。

[35] 鈴木商店と台湾銀行の関係については、桂「産業企業の育成と商社」247-249ページ、を参照。なお鈴木商店と台湾の関係性に関しては、齋藤尚文『鈴木商店と台湾：樟脳砂糖をめぐる人と事業』晃洋書房、2017年も参照。

結果となり、株も暴落して休業せざるを得なくなった。その結果、台湾銀行も休業に追い込まれ、台湾銀行と共に鈴木商店と取引のあった第六十五銀行も同じく休業した。このように、関西の金融界は大変大きな混乱が生じ、銀行全体に対する信用が低下した。そのため、比較的信用の高い財閥系の銀行に預金が集中するようになり、銀行の整理統合が進んだ。関西でも住友銀行、野村銀行、三十四銀行、鴻池銀行、山口銀行への整理統合が進み、さらに 1933 年には三十四銀行、鴻池銀行、山口銀行が統合して三和銀行が設立された。

　鈴木商店の休業と解体、金解禁と 1929 年の大恐慌の勃発に伴う混乱により、関西経済も大きく動揺した。しかし、1931 年の金輸出の再禁止と積極的な円安への誘導により、日本経済は急速な回復傾向を示すようになった。加えて満州事変等に伴う軍需の拡大は関西経済の回復に大きく寄与するものとなった。その結果、化学工業や機械工業を中心に新たな企業集団が設立されていった。また、戦争を遂行することを最優先とする国策に従い、電力や鉄道の国有化が進み、軍需産業を発展させる中で大阪金属工業や川西航空機といった企業の設立もこの時期に進んだ。また商業の面でも 1940 年に伊藤忠と丸紅商店、岸本商店も合併が促され三興株式会社になっている。しかし、戦争を遂行することを最優先とする国策の中で重化学工業化が推進され、また経済統制の強化の中で東京への産業の集中化が進められたことにより、元々繊維産業を軸とする軽工業で発展してきた関西経済の地盤はこの時期から低下した。戦時中になると更に産業の統制の強化が進み、東京への集中化が押し進められた戦時経済下において、関西を基盤としていた三和銀行や住友銀行もこの時期に新たな融資先を求めて東京への進出を加速させた。

　戦後、財閥解体等の混乱の中、関西経済も復興の歩みを始めた。住友財閥や野村合名は解体されたが、三和銀行や松下電器は解体されずに存続した。また電力事業の再編の中で関西電力が設立されたのもこの時期である。そし

---

(36)　鈴木商店の破綻に関しては、武田晴人『鈴木商店の経営破綻：横浜正金銀行から見た一側面』日本経済評論社、2017 年を参照。

(37)　阿部『近代大阪経済史』184-185 ページ。

て関西経済を牽引してきた紡績業も、朝鮮戦争の特需もあり、戦後短期間で復興し、戦後の関西経済の発展に貢献した。しかしその後は過剰設備もあり構造的な不況に陥った。そのため、関西の繊維商社である関西五綿や船場八社と呼ばれた企業の多くが総合商社への転換を図るとともに業務の軸足を東京に移すようになり[38]、銀行もまたそれに追随するかたちで東京へのシフトを強めていった。

　最後に関西の海外との関係、特に大阪における貿易振興について言及する。幕末開港直後から関西の経済発展において海外貿易の振興は重要課題であった。大阪商法会議所もこの点を当初から認識しており1888年には商品陳列所の設置を要望していた[39]。また1890年には大阪商船が釜山との定期航路を開設しており、大阪と朝鮮半島の貿易が活発化している[40]。これ以降、大阪商業会議所は朝鮮半島との貿易だけでなく中国大陸との貿易にも積極的に参画していった[41]。こうした要望に応えるかたちで1890年に大阪府立商品陳列所は設置された[42]。この組織は設置当初から海外市場の動向の調査や宣伝活動等を行う部署だけでなく工業試験場も擁しており、大阪が外国貿易を拡充していくなかで重要な役割を果たした[43]。この商品陳列所は1930年に大阪府立貿易館と名称が変更されたが、この組織は大阪が対外貿易を発展させるための重要な役割を担っていた。両大戦間期になるとアジア市場の中でも特に東南アジアの調査を充実させるようになり、多くの駐在員を派遣することで詳細な情報収集を行なっていた。そのためこの時期には大阪だけでなく

---

(38) 澤井『現代大阪経済史』第5章。
(39) 21世紀の関西を考える会『20世紀の関西』210ページ。また大阪商業会議所は1914年に大阪貿易語学校を設立しており、自ら駐在員の育成や語学教育の充実に努めた。大阪商工会議所（編）『大阪商工会議所百年史』大阪商工会議所、1979年、323-326ページを参照。
(40) 大阪商工会議所（編）『大阪商工会議所百年史』331-336ページ；松浦章「大阪商船会社の朝鮮航路と「北鮮急行航路案内」」『惑問』 第35号、2019年、を参照。
(41) 大阪商工会議所（編）『大阪商工会議所百年史』336-338ページを参照。
(42) 大阪商品陳列所が設置された初期の動向に関しては、大阪府立商品陳列所創立三十周年記念協賛會（編）『回顧30年』大阪府立商品陳列所創立三十周年記念協賛會、1920年、85ページを参照。
(43) 阿部『近代大阪経済史』78ページ；本庄孝子「大阪工業試験場の初代所長：荘司市太郎：100年前の国立研究所の運営」『科学史研究』61巻、2022年、231ページ。

神戸や阪神地域の関係者にも情報の提供を行い、彼らの貿易活動を支援していた。その中には神戸に居住する華僑も含まれており、彼らの神戸から東南アジアへの雑貨類の輸出に関して、貴重な情報を提供していた。大阪府立貿易館は戦後も再び大阪の外国貿易の発展に寄与し 1987 年まで存続した。戦後も戦前と同様に海外市場の動向や国内各地の産業振興についても詳細に調査しており、大阪の外国貿易の拡大に大きく寄与していた。こうした調査には戦前の南満州鉄道株式会社の調査部に在籍していた人が数多く参画しており、彼らが様々な先進的な調査方法を導入したことも大阪の外国貿易の発展に貢献した。[44]

3.「アジア市場への開港」と関西経済

　日本の近代移行期を、安政の五カ国条約による日本各地の港の外国への門戸の開放とそれに伴う世界市場への統合という観点で描く試みは、多くの先行研究において共通している。その大半は開港当初から最大の貿易額を誇っていた横浜港を念頭に置いたものであり、生糸輸出を中心に大きな割合を占めていた欧米諸国との取引関係に重点を置いて描かれた研究であった。換言すれば、幕末開港とそれ以降の明治最初期の日本の近代化は欧米諸国を中心とする世界市場への統合であり、そのプロセスを実証的に析出することが主な目的であったと言える。[45]それに加えて、このような欧米諸国からの「ウェスタン・インパクト」にどのように日本の人々（主に商人）は対応したのか、そして自らの制度や仕組みを「再編」させていったのかについても多くの先行研究で関心が寄せられており、日本の近代移行期の研究の主要な問[46]

---

(44) 21 世紀の関西を考える会『20 世紀の関西』210-211 ページ。
(45) ここでは以下の文献を紹介しておく。芝原拓自『日本近代化の世界史的位置』岩波書店、1981 年；石井寛治・関口尚志（編著）『世界市場と幕末開港』東京大学出版会、1982 年。
(46) ここでは以下の文献を紹介する。杉山伸也「東アジアにおける「外圧」の構造」『歴史学研究』560 号、1986 年；石井寛治「幕末開港と外圧への対応」石井寛治・原朗・武田晴人（編）『幕末維新期（日本経済史 1）』東京大学出版会、2000 年；杉山伸也「流通ネットワークからみた「明治維新」」『環』13 巻、2003 年。他には鷲崎俊太郎「明治初期の横浜居留地市場と内外商間取引」『三田学会雑誌』99 巻 4 号、2007 年、も参照。

題関心であった。そのような観点から、欧州系商人が日本との貿易関係でどのような活動をしていたのか、あるいは日本人商人が開港という新たなビジネスの機会にどのように対応したのか、既に多くの実証的な先行研究が発表されている。[47] しかしながら近代移行期の日本経済史において対外貿易関係を分析する対象は生糸輸出を軸とした欧米向けのものが中心であり、欧米諸国以外の特にアジアとの近代移行期の関係については主たる関心が寄せられてこなかった。

このような先行研究に対して、杉原薫は「アジア市場への開港」という側面を先行研究では分析対象として捉えておらず、明治期以降の日本の工業化あるいは近代化においてアジア市場との関係性は看過できないものであると指摘した。[48] 19世紀中葉以降、運輸通信技術の飛躍的な発展により、急激に世界市場が統合された結果、アジアの諸地域も否応なく世界市場の一翼を担うことを余儀なくされた。その一環としてアジア各地に鉄道が敷設され港湾設備も整備されたことは植民地支配の強化として批判的に捉えられてきた。しかし、杉原は植民地支配に伴ってアジア各地域の健全な経済成長を歪めた点があったことは認めつつも、欧米諸国によって整備された鉄道や定期航路、電信網といった交通通信インフラを国際公共財として活用できたことにより、アジアの諸地域はモノやヒトの移動を介して相互の結びつきを強め、その結果として世界市場において相対的に自立した一つの「まとまり」を有した市場圏を形成したと指摘した。そのようにして成立した「アジア間貿易」は、20世紀初頭の段階で世界貿易全体よりも高い成長率を達成しており、日本の工業化はこうしたアジアとの密接な関係の中で進行した。この点を杉原は様々な貿易統計をはじめとする一次資料を駆使して明らかにし

---

(47) ここでは以下の文献を紹介する。石井寛治『近代日本のイギリス資本』東京大学出版会、1984年；杉山伸也「外国商人の活動」阿部武司・中村尚史（編著）『産業革命と企業経営 1882~1914』ミネルヴァ書房、2010年。
(48) 杉原薫『アジア間貿易の形成と構造』ミネルヴァ書房、1996年、52ページ。

た。このようなアジア間貿易の発展とそれに密接に関与することで日本の明治期以降の経済発展が達成されたという視点は近年では概ね通説として理解されている。

　その後、杉原が提起したアジア間貿易の議論は他の研究者によってより一層実証的な分析が加えられるようになった。特に実際に活躍した商人に関して、籠谷直人は中国系商人が日本の近代化においてどのような役割を果たしていたのか、様々な一次資料を駆使して実証的に明らかにした。地縁や血縁の「まとまり」を有する華僑ネットワークが日本と他のアジア諸地域をどのように結びつけ、実際の経済活動に貢献したのか、その実態を明らかにした。古田和子も上海を要とした中国系商人の東アジアにおけるネットワークの実像を明らかにすることにより、長崎や神戸の華僑が実際に日本の近代化においてどのような役割を担っていたのか明らかにしている。また石川亮太は朝鮮華僑の観点から日本と朝鮮半島の間の20世紀初頭の経済関係を検討しており、このように中国系商人がアジア間貿易と日本の近代化の関係性においてどのような役割を担っていたのかここ数年で急速に明らかになってきている。無論、開港後に日本に進出し、明治の最初期から日本の対

---

(49)　このような日本の工業化とアジア間貿易の関係性は、明治以降も世界市場の変化の中で「再編」を繰り返し、両大戦間期にはインドからの綿花輸入をはじめとするアジアからの第一次産品の輸入拡大や中国の急激な工業化に伴う産業の高度化のなかで日本の担うアジア間貿易における役割は変化していった。第二次世界大戦後になると環太平洋の諸地域も加えたかたちでアジア間貿易は「アジア太平洋経済圏」に拡大し、冷戦構造の下でアメリカの大きな市場とオーストラリアをはじめとする国々からの天然資源の調達、そしてそれを可能にするコンテナの基準の統一や専門輸送船の就航等により、日本をはじめとする東アジアの国々は奇跡的な経済発展を遂げることが出来た。そして現在ではインド洋の諸地域も加えた「インド太平洋経済圏」のかたちで世界経済を主導する地域として認識されており、日本の発展にとって不可欠な存在であり続けている（杉原薫『世界史のなかの東アジアの奇跡』名古屋大学出版会、2020年、を参照）。

(50)　籠谷直人『アジア国際通商秩序と近代日本』名古屋大学出版会、2000年。

(51)　古田和子『上海ネットワークと近代東アジア』東京大学出版会、2000年。

(52)　石川亮太『近代アジア市場と朝鮮：開港・華商・帝国』名古屋大学出版会、2016年。

外貿易において重要な役割を果たしていた中国系商人に関しては、古くは内田直作の研究も挙げられ、中国系商人から見る「アジアへの開港」という研究視座が全く目新しいものとは言えない。しかしながら、「アジア市場への開港」とその後の日本の近代化の関係性が実際にどのようなものであったか、中国系商人の果たした役割等の一部の分野については詳細な研究が積み重ねられているものの、幾つかの分野においては未だ解明されていない点が残されている。本書はそのような中国系商人の活躍以外にも未だ残されている近代移行期以降の日本の近代化とアジアとの関係性の課題について、とくに関西経済の視座から分析することを目的としている。

4. 居留地貿易から工業化型貿易へ：神戸とアジア

　日米修好通商条約をはじめとする安政の五カ国条約により、函館、神奈川、長崎、兵庫、新潟の5つの港が開かれ、江戸と大坂の開市が決定され、開港場では貿易を行う外国人が居住あるいは経済活動を行うための居留地の設置が定められた。神戸においても開港直後よりイギリスを筆頭に各国の領事館や商館が建設された。

　神戸の居留地では開港直後から貿易活動が開始されており、実質的な輸出入取引は居留地内の外国商人に主導権が握られていた。日本人商人が直接海外の取引先と交渉することは少なく、ほとんどの取引が居留地内の外国人商人を介して行われていた。実際のところ、明治初期の段階では日本人商人に貿易に伴う様々な経験や知識が十分ではなく、否応なく外国商人に依存せねばならない状況にあった。特に決済や資金融通、海運業、保険等の貿易活動において不可分であるサービスについては欧米諸国の商人や企業に依存せねばならず、こうした問題を克服することは、居留地貿易の時期に限らず、第

---

(53)　内田直作『日本華僑社会の研究』同文館、1949年。
(54)　居留地の街区が完成したのは1868年である（新修神戸市史編集委員会（編）『新修神戸市史　歴史編Ⅳ　近代・現代』神戸市、1994年、21ページ；神戸税関（編）『神戸税関百年史』神戸税関、1969年、87ページ）。居留地は1899年に返還された。

一次世界大戦期の頃まで日本の対外貿易政策の重要な課題であった。

　居留地貿易の場合、まず輸出に関しては、日本人の売込商が日本国内で商品を集荷し、それらを居留地内の外国人貿易商に持ち込んで輸出する。また輸入に関しても、日本人商人が居留地に出向き、外国人貿易商が輸入した商品を買い取るかたちで行われていた。こうした商取引において日本人商人と欧米系の外国人貿易商の間を取り繋いだのが主として中国系商人であった。のちに自らのネットワークを活かして独自の商取引を行うようになるが、最初期は居留地におけるcompradorの仕事が中心であった。上海の租界や香港において欧州系の商人とも既に活発な取引を行なっており、それらの経験を踏まえて神戸の居留地においても当初から存在感を発揮していた[55]。具体的には、輸出の際、日本人商人と中国系商人の間で商談が成立すると、日本人の売込商は商品を商館の倉庫に納入し、そこで品質検査と量目審査に合格してはじめて代金を受け取れた。また輸入の場合は、原則として現金取引とされており、直接外国商館に出向いて在庫されている商品を見てから取引を形態がとられていた[56]。しかしながら、実際にどのようにして代金の支払いが行われていたのか詳細は未だ十分に解明されていない。輸出時の代金支払いは為替手形が用いられていたのか、輸入時の現金取引はこの時期に最も広範に使用されていたメキシコドルを用いていたのか等、今後の課題として残されている。

---

(55)　19世紀中葉以降の香港をはじめとするイギリスが経済活動を行なっていた東アジアの地域において、イギリスの法律や商慣習を理解し、英語を駆使して彼らと取引を始める中国系商人が出現しており、その後のアジア間貿易の発展において大きな役割を果たした（本野英一『伝統中国商業秩序の崩壊：不平等条約体制と「英語を話す中国人」』名古屋大学出版会、2004年）。そのため彼らが神戸の居留地貿易においても重要な役割を果たしていたと言える。彼らはcompradorを営む上で最初に雇用される商館に担保を提供することが求められていた。取引の上では独立した責任を負う仲立商人の位置付けであった。彼らは商館内に個室を与えられており、売り込みを仲介することによって日本人商人から口銭（南京進上）を徴収していた（神戸税関（編）『神戸税関百年史』86ページ）。

(56)　神木哲男「居留地と外国貿易のはじまり」神戸外国人居留地研究会（編）『神戸と居留地：多文化共生都市の原像』神戸新聞総合出版センター、2005年、26-28ページ。

次いで実際の神戸における外国貿易の特徴について見てみる。まず主要な輸出品を見た時、その大半が第一次産品であった点が特徴と言える。商品構成の特徴としては農産物や海産物が中心であり、1871年頃からは陶器や漆器といった雑貨類の輸出も始まった点が挙げられる。輸出額が急伸した商品としては銅（荒銅や丁銅を含む）と茶が挙げられ、特に茶は日本の茶の総輸出額の3割程度を神戸港が占め、神戸港の輸出額の大きな部分を占めるまで拡大した。⁽⁵⁷⁾

茶の輸出は明治の最初期の神戸の貿易を牽引した。その貿易額は明治元年からの5年間において神戸の総輸出額の45％を占めており、その後も輸出額自体は急増した。⁽⁵⁸⁾その要因としては輸出する茶の生産地が1880年代に急速に西日本の広範囲に拡大したことがある。⁽⁵⁹⁾茶の主な輸出先はアメリカであったが、1890年代になるとその規模を縮減させていった。

居留地が返還された1899年までの時期において、茶と共に神戸における最初期の海外輸出を牽引した商品は米であった。19世紀末の段階では神戸の総輸出額の2割弱の規模に達していた。また神戸からの米輸出の額は日本全体の米輸出額の9割程度を占めており、神戸が日本の米輸出を独占する状態にあった。⁽⁶⁰⁾日本の米輸出は明治5年頃に大蔵省が三井物産会社または森村組に取引を引き受けさせ、横浜居留地の外国商館に海外販売の委託をしたことを端緒としており、当初はどのような米が輸出に適しているのか等、全く知識がない状況で始まった。⁽⁶¹⁾しかし、明治期の中葉以降、その品質は急速に改善し、大正期になる頃には神戸には精米工場が多数建設されるように

---

(57) 神戸税関（編）『神戸税関百年史』90ページ。幕末開港から明治初期の日本茶の輸出や製茶業に関しては、日本茶輸出百年史編纂委員会（編）『日本茶輸出百年史』日本茶輸出組合、1959年、第2章、を参照。
(58) 神木「居留地と外国貿易のはじまり」28ページ。
(59) 神木「居留地と外国貿易のはじまり」28ページ。
(60) 村田誠治（編輯）『神戸開港三十年史 下巻』開港三十年紀念会、1898年、24ページ。
(61) 村田『神戸開港三十年史』322-323ページ。

序　章　関西経済とアジア

なったが、米輸出が神戸の総輸出に占める割合は明治期の中葉には急速に低下していった。

　このように居留地貿易の初期の段階において主要な輸出品は米と茶であった。それに次いで樟脳の輸出額が伸びており、20世紀初頭には神戸の主要な輸出品の一つになっていた。他にも昆布や寒天といった海産物や食料品、銅や硫黄といった鉱産物の輸出が中心であり、この段階で神戸の輸出は第一次産品で大半が占められていたことが見て取れる。しかしながら、1890年代になると、神戸の輸出に占める海産物や鉱産物といった第一次産品の割合は急速に低下し、その代わりに工業製品の輸出が拡大する。その代表格が綿糸をはじめとする綿製品であるが、その規模とは比較にならないものの、この時期にマッチも急速に輸出額を拡大させた。神戸におけるマッチ製造は1877年と言われているが、本格的に工場を設立して製造が始まったのは1880年前後と言われている。マッチの製造過程は高度な技術を要さずに非熟練の女性や子供でも労働力として活用できたため、明治中頃に工場が乱立して粗製濫造や商標の模倣等の問題が頻発するようになった。そのため価格自体が下落し工場の倒産が相次いだ。しかし、滝川辨三をはじめとする経営者が信用の回復に努め、その結果、神戸は明治期の中葉に日本で最大のマッチ生産額となり、多くを中国大陸やインドに輸出するようになった。明治

(62)　1878年にアメリカの商人が神戸から米の輸出を手掛けた事例があるものの、本格的に米の輸出に取り組む商人は出て来なかった。1885年になると大阪鉄工所を設立したE.H.ハンターがドイツから最新の精製米の機械を購入して精米会社を設立した。この結果、良質の精米を輸出出来るようになった事から、日本の米の海外需要は急速に高まった。その後、日本から輸出された精米はロンドンの穀物市場において標準米の取り扱いを受けるようになり、価格形成に主導的な役割を担うようになった。また精米輸出の成功はハンターの大阪鉄工所の経営にも貢献するものになったと言える（村田『神戸開港三十年史』323ページ；神木哲男「ハイカラな主役たち」神木哲男・崎山昌廣（編著）『神戸居留地の3/4世紀：ハイカラな街のルーツ』神戸新聞総合出版センター、1993年、145-147ページ）。

(63)　この時期の日本人商人と中国系商人の寒天の取引とそれに伴う混乱、昆布輸出に伴う華僑ネットワークへの対抗と直輸出の拡大については籠谷の研究を参照（籠谷『アジア国際通商秩序と近代日本』第1章・第2章）。

(64)　神木「居留地と外国貿易のはじまり」31ページ。

(65)　神木「居留地と外国貿易のはじまり」32-34ページ。

xix

後期になるとマッチの輸出は更に成長し神戸の主力輸出産業へと発展を遂げた[66]。なおマッチの他にも様々な雑貨類が神戸やその周辺で生産されるようになり、こうした労働集約的な工業製品の輸出が明治期から両大戦間期の神戸の輸出を綿製品とともに牽引する役割を担うようになった。

　次いで輸入に話を移す。明治初期の頃の輸入は近代化に伴う機械や資材の輸入が大きな割合を占めた。武器や貴金属を加味するとその割合は大きく変化するが、それらを除いた貿易で見た場合、明治初期の神戸の貿易も日本全体と同様に近代化に伴う機械や資材、工業製品の輸入が大きな割合を占めていた。

　開港当初から重要輸入品の一つに綿布類が挙げられる。特に生金巾はその輸入額を急速に拡大させていた。その規模は神戸が開港した後の最初の5年

---

(66)　20世紀初頭のインド向けのマッチ輸出に関して、日本（主に神戸）とインドの合弁事業として行われ、その過程でムスリム商人のネットワークがどのように機能したのかについて、他の雑貨も含めて大石高志が詳細に明らかにしている。またマッチのラベルはじめ、インドの顧客層の宗教や地域性、アイデンティティ等を考慮しながらデザイン等が描かれている点も指摘されている（大石高志「日印合弁・提携マッチ工場の成立と展開1910-20年代 — ベンガル湾地域の市場とムスリム商人ネットワーク」『東洋文化』82号、2002年；T. Oishi, 'Indo-Japan Cooperative Ventures in Match Manufacturing in India: Muslim Merchant Networks in and beyond the Bengal Bay Region 1900-1930', *International Journal of Asian Studies*, vol.1 no.1, 2004；大石高志・神田さやこ「20世紀前半におけるインド社会経済の変容と日印貿易関係」『社会経済史学』82巻3号、2016年）。また中国とインド向けのマッチに関しては、神戸在住の華僑が大きな役割を果たしており、1893年に日本郵船が神戸とボンベイの間の航路を開設したことにより、マッチの輸出は飛躍的に拡大し、前年度比で1.5倍になった。また陳源来の合昌洋行は中国の顧客が好みそうなマッチラベルのデザインを行い、それをマッチ箱に貼って輸出することを行なっていた。（神戸市博物館（編）『神戸・横浜"開化物語"：居留地返還100周年記念特別展』神戸市立博物館、1999年、56ページ）。なお19世紀末の段階でマッチの輸出で圧倒的優位な立場にあった華僑であったが、この時期から日本政府が推進する日本人商人による「直輸出」が拡大したことにより、その立場は急速に弱まった。加えて日中間の政治的混乱もあり、20世紀初頭、広東商人を中心に、多くの人々が故郷に戻り、マッチ工場への投資に着手し、民族資本家への転身を図った（陳来幸「華僑の経済」呉宏明（編著）『南京町と神戸華僑』松籟社、2015年、209ページ）。

間において総輸入額の3割程度を占めていた。また毛織物も同期間で総輸入額の2割程度を占めており、この時期の神戸の主要な輸入品であった。用途としてはブランケットに用いられることが多く、この時期に急速に農村部にも浸透していった。このような綿布類や毛織物の輸入が最初期には輸入額の大半を占めていた。そしてこの二つの商品の他の輸入品としては、砂糖や金属類が挙げられるが、このような商品構成は阪神地域に近代的な紡績工場が設立されていく中で急速に変化し、1890年代には繰綿がその割合を急速に高めていった。

阪神地域における紡績工場の設立に伴い、神戸の輸入額における紡績機の重要性も明治中葉以降に急速に高まった。1882年に大阪紡績会社（10,500錘）が設立されて以降、1880年代に三重紡績、天満紡績、鐘淵紡績等、阪神地域を中心に大規模な紡績工場の設立に牽引されるかたちで、1890年代以降、神戸における紡績機の輸入額は拡大した。その結果、紡績業が発展して綿糸の国内生産が拡大したことに伴い、これまで輸入に依存していた綿糸の割合が急速に低下し、代わりに原材料となる繰綿の輸入額が増加するようになった。

また日本の紡績業が発展する大きな要因の一つに1893年に日本郵船が神戸とボンベイの間の定期航路を開設したことが挙げられる。この定期航路によりインドから直接綿花を確保することが出来るようになったことは日本の紡績業にとって原材料の確保という意味で大きな転機になったと言える。1896年にはインド綿花が日本の輸入する総綿花輸入量の過半を占めるようになったことで、日本の紡績業にとってインド綿花を安定的に確保することは重要な問題となった。当時の政府も国を挙げて紡績業の発展を支援しており、その一環として原材料であるインド綿花の確保を安定的なものにする政策を実施していた。その代表的なものが1896年に撤廃された綿花輸入関

---

(67) 神木「居留地と外国貿易のはじまり」29ページ。
(68) 神木「居留地と外国貿易のはじまり」30ページ。
(69) 杉山伸也『日本経済史 近世‐現代』岩波書店、2012年、217ページ。
(70) 村田『神戸開港三十年史』30ページ。
(71) 杉山『日本経済史』285ページ。

税の撤廃である。関税が撤廃されたことにより、インドからの綿花輸入は更に拡大した。他方、綿糸の輸出に関しては、すでに1890年から朝鮮半島や中国大陸向けに始まっていたが、こちらも1894年に綿糸輸出税が撤廃されたことにより、その輸出額は急速に拡大した。このように政府の奨励策によりインド綿花の安定的な確保と綿糸の輸出振興が図られた結果、主として阪神地域の紡績業は飛躍的な発展を遂げた。換言すれば、綿糸をはじめとする綿製品は開港当初は輸入に頼っていたものの、のちに紡績機を輸入して自ら稼働させることにより綿糸の生産を開始し、やがて原材料である繰綿を大量に輸入して安価な労働力を活かして競争力のある綿糸を生産して輸出することで飛躍的な発展を遂げる雁行型発展のかたちを神戸とその周辺地域は進むことになったと言える。

　改めて開港以後の神戸の貿易の特徴を概観する。貿易相手国に関して見てみると、輸出の場合、当初は英国と米国で総輸出額の半分程度を占めていたが、この割合は大正期になる頃には2割程度まで低下する。それに代わって割合を高めた地域が中国大陸と香港であり、明治期の後半になるとその割合は6割程度まで上昇している。また輸入の場合は、開港当初は英国が圧倒的な割合を占めていたものの、その割合は急激に低下し、代わってインドの割合が高くなった。第一次世界大戦前夜には神戸の総輸入額の3割程度を占めており、神戸の最も大きな輸入相手国の一つであった。また米国に関しても、明治初期から中期の頃は輸入全体に占める割合は低調であるものの、明治期後期から大正期にかけてはその割合を高めている。インドと米国から輸入する商品の大部分が綿花であり、阪神地域の紡績業の発展が神戸の貿易と密接なものであったことが見て取れる。そして輸出に関しては中国大陸と香港が高い割合を占めていたが、輸入に関してはその割合が低いことも神戸の貿易の特徴と言える。また貿易相手国の特徴としては、輸出入ともにアジアの国や地域の比重が高まっており、神戸の開港が「アジア市場に向けた開港」であったことが見出される。また輸出入の総額を比較した場合、横浜が出超であったのに対し、神戸は常に入超の傾向が強く見出された。無論、短期的に出超になる時期はあるものの、概ね神戸の貿易は輸出額を輸入額が上

回る傾向が続いていた。その要因としては、横浜から輸出された生糸のような商品が神戸に存在しなかった点、阪神地域の紡績業の発展に伴う綿花をはじめとする原材料や機械類の輸入の増加した点が挙げられる[72]。神戸の貿易構造の特徴は横浜の生糸輸出に牽引されるかたちで発展したものとは異なり、阪神地域の紡績業を軸とした工業化の進展に伴い、それらを支える原材料や機械類の輸入と工業製品の輸出することが主たる特徴であったと言える[73]。まさに神戸は幕末開港以後の「アジア市場への開港」を体現していた港と言える。

5. 各論文の要約

本書の構成を述べると以下のとおりである。

第1章の岩橋論文では、近代日本経済は世界経済に対して生糸輸出からスパートを始め、横浜がその輸出港としての地位と、欧米商館や銀行が多く集まって金融面でも拠点となっており、その点からも、明治初年の関西経済の存在感は薄い。にもかかわらず、わが国近代工業の中核となる紡績業は関西地域を中心に展開し、のみならずアジア市場向けの雑貨生産も関東よりも関西でより多く拡大した。地盤沈下したはずの関西地域でなぜ工業化の基軸となる紡績業を創業し、経営拡大ができたのだろうか。近代移行期の経済データは不十分で、信頼できる経済統計は明治10年代以降まで待たねばならないが、本章では限られた資料に依拠して論じられてきた先行研究をサーベイしつつ、これまでさほど強調されてはこなかった関西地域で広範に蓄積されていた資本蓄積の存在を指摘している。

第2章の木山論文では、第二次世界大戦後に商社業界に参入した住友商事に焦点を当て、同社が戦後に開業した後、早急に総合化路線をとる過程で、

---

(72) 村田『神戸開港三十年史』14-15ページ。
(73) 日本全体で見た場合、輸出総額に占める割合が最も高い商品は生糸であり、この傾向は明治初期から1920年代初頭まで続いた。茶は主にアメリカに輸出され、銅は中国大陸や香港、石炭は香港やシンガポールに輸出されていた。神戸の貿易において各商品で取り扱う商人の国籍がある程度決まっており、この点も神戸の貿易の特徴と言える（第5章の西村論文を参照）。

そこで必要とされる人材をどのように確保したのかについて検討している。第一次世界大戦期（大正時代）の「大戦景気」のなか他の財閥で次々と商社が設けられた時でも、住友では商社設立が見送られたが、住友財閥内の生産部門が製造する製品類を販売する販売機構は着々と整備された。この販売機構で勤務した人材の多くが、戦後設立の住友商事に充当された。住友商事は取扱品を金属や機械類から、繊維や食品にも拡大して総合化路線をとったが、繊維や食品など住友にとって未知の商品については、安宅産業や又一、戦後三井物産が解体された後にできた第一物産などから人材を引き抜き、あるいは役所から元官吏を招いて充当していたことが示されている。

　第3章の西村成弘論文では、大阪を一大集積地としていたガラス産業を取り上げ、特許データの分析を通して産業発展の特徴を明らかにするとともに、企業家がどのように特許制度を利用したのかという観点から事例研究を行っている。明治期から大正初期にかけて、大阪のガラス産業は国内市場と輸出市場の両方で大きなシェアを占めており、発明活動も活発で企業家は全国的にみて圧倒的多数の特許を登録していた。しかし、昭和に入り国内市場が東京とその周辺の製造業者によって供給されるようになり、大阪が輸出向けのガラス製品を強化するようになると、発明活動は低調になり、特許も安価な製品の大量生産に関するものが中心となった。企業家や業界団体は特許制度を使って粗製乱造を防ぎ品質を一定に保持することに努めたが、権利行使のみでそれを行うことには限界があったことも本章の分析から明らかにしている。

　第4章の石川論文では、朝鮮開港後における対日貿易商品の流通システムについて、テングサ・フノリの二種類の海藻に注目して検討している。これらは寒天や糊料といった在来産業の原料として、近世の倭館貿易の時代から重要な対日輸出品となっており、近代になってもその輸出は成長し続けていた。それらの日本における最大の集散地は大阪であり、朝鮮産品の多くも釜山・木浦の両港を通じて大阪に輸移出され、市内の問屋を通じて近畿一円の製造業者の手に渡っていた。19世紀末までに朝鮮は、大阪のテングサ・フノリ市場において最も重要な産地の一つに位置づけられるようになってお

り、近代の朝鮮と大阪は、綿業のような近代部門だけでなく、こうした在来産業を通じても深く結びついていた。

　第5章の西村雄志論文では、第一次世界大戦前夜の香港上海銀行が神戸の対外貿易においてどのような役割を担っていたのか一次資料を駆使して明らかにしている。当時の一次資料は現在ほとんど残されておらず、唯一本店から神戸支店に訪れた支店検査役の報告書のみである。本論文ではこの資料に記載されている内容を分析し、当時の香港上海銀行の神戸支店の営業活動の一端を明らかにしている。また同時期の神戸の対外貿易金融についても分析することで香港上海銀行以外の金融機関の役割や決済のかたちについても分析している。

　第6章の北波論文では、1953年8月26日に、大阪府立貿易館によって台北市に開設された工業技術相談所について、それがなぜ必要とされ、どのように運営され、具体的にはどのような役割を果たしたのかを明らかにしている。同所は、戦後日本のアジア向け機械輸出をサポートする機関として先駆的役割を担い、開設に当って台湾省工業会の熱心な支援を受けたという。相談所が台湾で行った各種の業務からは、特に1950年代から60年代という黎明期に、日本の機械輸出がどのような課題を抱え、どのような問題に直面していたのかが浮き彫りにしている。

目　次

序　章　関西経済とアジア────────────────── i
　　1．はじめに　i
　　2．関西の産業と金融：概観　iii
　　3．「アジア市場への開港」と関西経済　xiii
　　4．居留地貿易から工業化型貿易へ：神戸とアジア　xvi
　　5．各論文の要約　xxiii

第1章　明治初年関西経済の位置 ──────────── 1
　　1　はじめに　1
　　2　近世関西の経済的位置　4
　　3　明治初年貿易・金融の動向　10
　　4　近代初期関西経済の位置　15
　　　（1）紡績業はなぜ関西中心であったか　15
　　　（2）関西の潜在的信用力について　18
　　　（3）大坂両替商の動向　22
　　　（4）近代移行期における休眠資本の動向　24
　　5　幕末維新期金融の連続性──むすびにかえて　26

第2章　総合商社住友商事の成立過程
　　　──人材面からみた検討── ─────────── 33
　　1　はじめに　33
　　2　明治前期の海外貿易事業　36
　　3　明治後期の貿易業参入の試み　39
　　4　大正・昭和初期の販売機構整備　43
　　　（1）中国への店舗展開　43
　　　（2）販売機構の整備と商社設立計画　──住友の"プラザ合意"──　47
　　5　住友商事の総合商社化　50
　　6　おわりに　56

第 3 章　大阪のガラス産業と特許 ─────── 59
　　1　はじめに　59
　　2　ガラス産業集積地としての大阪　61
　　　(1)　日本のガラス産業と大阪の位置　61
　　　(2)　大阪ガラス産業の源流　65
　　　(3)　ガラス産業の発展　67
　　3　特許から見る産業発展　70
　　　(1)　初期のガラス工業と特許　70
　　　(2)　技術導入　71
　　　(3)　大阪人のガラス関連特許　74
　　4　特許制度の利用　78
　　　(1)　徳永硝子製造所　79
　　　(2)　島田硝子製造所　83
　　　(3)　大井徳次郎と腕環輸出　86
　　5　まとめ　87

第 4 章　近代朝鮮の海藻貿易と大阪
　　　　　―テングサとフノリを中心に― ─────── 89
　　1　はじめに　89
　　2　近代朝鮮の採藻業と海藻貿易　91
　　3　日本のフノリ・テングサ需要と流通機構　97
　　　(1)　フノリについて　97
　　　(2)　テングサについて　100
　　4　日本市場における朝鮮産海藻　102
　　　(1)　朝鮮開港以前の状況　102
　　　(2)　朝鮮産フノリと日本市場　103
　　　(3)　朝鮮産テングサと日本市場　105
　　5　輸移出検査の導入と商人の利害　109
　　　(1)　朝鮮産海藻の輸移出検査　109
　　　(2)　釜山・木浦における自主検査　110
　　　(3)　海藻検査規則（1913 年）をめぐる葛藤　112

（4）海藻輸出検査と生産者　114
　6　おわりに　116

第5章　20世紀初頭の神戸における外国貿易金融と
　　　　香港上海銀行 ——————————————————119
　1　はじめに　119
　2　香港上海銀行の概要　120
　3　神戸の対外貿易　124
　　（1）明治期の神戸の対外貿易の概観　124
　　（2）神戸の対外貿易の特徴　126
　4　神戸における対外貿易金融　129
　　（1）神戸為替会社　129
　　（2）洋銀取引と外国為替銀行の進出　130
　5　神戸の外国貿易金融の数量的概観　134
　6　香港上海銀行神戸支店の経営分析（1914年）　137
　7　むすびにかえて　141

第6章　1950年代日本の機械輸出と「駐台工業技術服務処」——145
　1　はじめに　145
　2　日本の国際社会への復帰と1950年頃の日台経済関係　147
　3　台湾工業技術相談所の開所と機械輸出振興委員会　153
　4　台湾工業技術相談所の業務と日本の機械輸出　159
　5　おわりに　165

第1章

明治初年関西経済の位置

岩　橋　　　勝[*]

1　はじめに

　幕末開国期の日本経済が欧米諸国優位の世界経済環境の中でどのように対応していったかについて、これまで様々な解説があるが、基本的に整理すれば次の二つの方向となろう。

　一つは当時の欧米先進諸国で培われた技術や制度とわが国のそれとは絶対的な格差があり、それらをわが国の土壌に導入・移植するための苦難は並大抵ではなかった。外国商人が開国時日本に示した関心は国際的に安価であった生糸であり、それは輸出額の大半を占めたのみならず、19世紀末まで30％以下になることはなかった。当初こそ輸出超過であったがその後の基調は入超であり、他のアジア諸国のように居留地の枠を超えるその買い付けのための彼らの活動を阻止しつつ、近代産業に必要な技術や会社制度等はお雇い外国人に依存したり海外留学生派遣を行ったりしながら工業化の基礎を慎重に構築していった。ここでは大きな格差を埋めるためのわが国政府の指導性や特定企業者の役割が大きく評価されることになる。

　もう一つは近世日本における市場経済の成長を重視し、幕末期における先進欧米諸国との発展格差を認めつつも世界経済との交流に対応するための近代産業育成や金融組織整備等がほぼ自律的に構築できたと評価する考え方である。その際、近世経済発展の例証とされるのが絹業と綿業である。いずれ

---

[*]松山大学・名誉教授

も近世初期、生糸は古代より自給できたが良質とは言えず、高級な白糸は中国から輸入せざるを得なかったのでその代価として流出した銀貨は計り知れないものであった。また庶民衣料の素材は当初はまだ麻が大半で、綿作はようやく始まったばかりであった。この2種部門が近世2世紀半の間にどこまで発展できたのか。近代初期において生糸は日本の代表的輸出品となり、より大衆向けで需要量の多い綿布は繰綿・綿糸生産とともに自給可能な段階に達していた。外国からの安価で良質な工場制綿製品流入により多くのアジア諸国が在来綿業の衰退を招いたにもかかわらず、わが国におけるこのような幕末期までに広く展開した農産物加工や商業組織が注目されることになる[1]。

　実態はどうであったのか。幕末期発展段階について、欧米との落差を過剰に評価しがちな前者の論と、開国段階までに近代的経済発展のための基本的条件はほぼ整っていたとも評価できる後者の論との間にはさほど大きな乖離はないように思われる。工業化初期における政府や企業者の役割はまだ発展途上段階にあったわが国でも無視できないし、いかに強力な経済主体が存在しておろうとも政策遂行にあたって一定度の農業生産性や農産加工業の発展、および国内物流を円滑にする商業・金融の発展は不可欠であったろう。つまり、近代の局面で日本経済が世界経済に対応してゆく際、国内での政治・社会面での統合を計ってゆかなければならなかったと同時に、経済政策面でも幕末期までの地域別展開を周到にふまえてゆく必要があり、わが国はそうした水準をクリアーできるほどの発展は遂げていたとみなされよう。

　以上のような幕末維新期における経済発展度にかかわる問題と同等に検討すべき課題がある。それは近代移行期の関西経済の位置づけである。周知のように、江戸は18世紀末までは必要物資の多くを大坂を主供給地として外部遠隔地域に依存していた。しかし19世紀に入るといわゆる江戸地回り経済圏が形成され、必要物資の多くを周辺から調達できるようになり、関西への依存度は相対的に低くなった。開港後の貿易開始により、それまでけっして経済先進地とは言えなかった関東北部をはじめとする養蚕・製糸地帯では急速に生産拡大が進み、代表的輸出品として経済発展を推進させた。

---

(1)　岩橋勝『近世貨幣と経済発展』名古屋大学出版会、2019年、序章参照。

一方、関西経済は対照的に近代移行期にむけて低落の方向にあったと理解されている。大坂は古代以来の政治都市奈良・京都に近接していたこともあり、全国経済の結節点としての機能を幕末期まで維持した。しかし、西日本を中心に、日本海側に沿って東北地方にまで及んでいた大坂の集荷力は各中継港で台頭する問屋商人や海運業者によって少しずつ蚕食されるようになった。決定的には維新後に東京遷都があり、新政府による新事業の多くが首都東京および外国貿易港としてあらたに出現した横浜等、関東に集中することになった。

にもかかわらず、わが国近代初期貿易の展開において生糸について中核部門となった綿紡績やその原料である綿花輸入は東京周辺ではなく、関西であった。幕末期までにわが国綿業は綿作、繰綿、木綿織のいずれの部門も各地で展開し、十分に自給できる段階に到達していた。しかし開国により輸入された紡績糸は質、価格ともに在来綿糸を圧倒するもので、国内での紡績事業展開が重要課題となった。明治政府は官営工場や十基紡と言われる大規模工場払い下げにより対応したが、経営的に軌道に乗れず、事業として最初に成功したのは周知のように1882（明治15）年設立の民間資本による大阪紡績会社である。その後、鐘ヶ淵紡績や東京紡績も設立されるが関西地方での平野、摂津、浪華、尼崎等の大規模紡績会社設立が目立つことになる。十基紡段階では山梨、栃木、静岡等でも設置され、かならずしも関西に偏在していたわけではなかった。わが国工業化初期段階で基幹的部門となる紡績業がなぜ幕末維新期に斜陽の見られた関西により多く設立されたのか、これまで十分な説明は意外と確認できていない。

貿易史の面から、対象時期は限定されるが、横浜・神戸両港の性格を対比したつぎのような試論がある(2)。すなわち、横浜港が対欧米貿易に比重を置き、生糸や茶などの一次産品輸出と機械等完成品輸入を主とする途上国貿易パターンであったのに対して、神戸港は1890年代以降、対アジア貿易に比重を置いた加工・工業国型貿易パターンに変化しつつあったというものであ

---

(2) Isacc Martins「明治期に於ける貿易史の研究―神戸港を中心に」『六甲台論集』経済学編49巻4号、2003年。

る。対比結果は明確で興味深いが、幕末維新期における両地域の動向・実態をふまえた推論ではなく、説得力が弱い。少なくとも神戸港後背地における移行期関西経済の実態を踏まえたうえであきらかにしなければならないだろう。

本稿は以上のような関心から、とくに近代移行期関西の資本と金融の動向を垣間見て、近代紡績業の多くが関西で展開された背景について論じたい。

2　近世関西の経済的位置

近世関西の経済的位置がどのようであったか、様々な方向から分析されているが、これまでの研究成果について大坂を中心に整理するとつぎの通りである。[3]

第一に、近世において天下の台所と言われた大坂を取り巻く奈良および京都近辺は古代以来農業生産性が高く、朝廷や貴族・荘園領主等の権力者が集住する地域でもあったのでそれぞれの時代の先端技術が培われていた。前近代は農業社会であり、より高い土地生産性に恵まれた地域に権力者は拠点をおいたと表現した方が正確であり、その地域が関西であったわけである。また中央政権と結びついた宗教勢力も近辺に割拠しており、大陸からの文化移入の受け口ともなった。農業生産性は関西についで濃尾地方や瀬戸内沿岸部でもより高かったが、これらの先進地域の内から茶栽培や綿作が始まっていったことは、それら産品が近代移行期貿易の主役に成長していった史実とかさねて象徴的である。

第二に、大坂は瀬戸内海の東端に位置していて、西日本各地と結ぶ水運の便宜がきわめて大きかった。前近代における物資輸送の手段は陸運に比べて水運のコストがはるかに低かった。内陸においても起伏の多い陸路よりも河川舟運の方が便宜だったが、海運によればさらにより大量の物資輸送が可能であった。とりわけ内海で海難の少ない瀬戸内航路は古代より重要な水路であった。中世までは奈良・京都への積み替え中継地に過ぎなかった大坂は、

---

(3) 岩橋勝「幕藩制経済の展開」竹中靖一・作道洋太郎編『図説　日本経済史』学文社、1972年。

豊臣氏が政権基盤の拠点にしたこともあり、徳川氏が江戸に開府したあとも経済後進地への物資輸送基地として発展した。その際、新しい消費都市が誕生し、必要物資を全国からあらたに輸送する必要に伴う諸機能も大きく発展することになる。

　第三は、大坂の水運や物流発展に伴ってあらたに高度な問屋組織が形成された。大坂は当初は幕府領や諸国大名領の年貢米集散地であったが、江戸に次ぐ30万人前後の消費都市でもあり、そこで必要な食用油や木綿、生魚、青物、木材等の日用諸物資も必要であった。同様に巨大政治都市である江戸で必要な消費物資を廻船で積み出すため、それらを組織的に取り扱うシステムが生まれた。問屋の基本的機能は荷受けであって、各地からの集荷物を引き受け、買い手がつくまで保管することである。荷主から委託を受けて販売も行うようになると、仲買機能が分化するようになった。また荷受けの場合、出荷地別にどんな商品の引受をも行う国別問屋と、商品別にどの国の品も扱う専業問屋に分化していった。さらに江戸やその他の消費地域から委託を受けて必要な物資を買い集め、廻船を手配して発送する積み問屋も分化するようになった。延宝7（1679）年刊行の『懐中難波雀』によれば、大坂三郷においてすでに54種382の問屋を数えることができる。ただし、17世紀においては商品ごとの専業問屋の形成はまだ十分でなく、松前問屋、土佐問屋、薩摩問屋のように特定地域から多品種少量の国元の物産を包括的に荷受けする国問屋が主であった。畿内農業で需要のある干鰯や都市建設に必要な木材は一定度集中的に回送されても、江戸やその他の地域に再配送されるほどの集荷はまだ未整備であった。いわゆる「天下の台所」に値する専業問屋が多く形成されるのは18世紀に入ってからであり、その数は正徳年間（1711-16）には国問屋1,851軒に対して、専業問屋は44種2,355軒を数えるほどとなった。

　第四に、大坂は消費都市であると同時に、工業都市でもあったことである。正徳期において大坂への主要な移入品のうち菜種や繰綿、藍玉、吹き銅、鉄・銑鉄等の絞油や綿布生産、銅・鉄製品等の原材料となる物資を専業

---

(4)　宮本又郎『近世日本の市場経済』有斐閣、1988年、68ページ。

で扱う問屋が目立っている。これらのうちそのまま他地方に移出される部分もあったが、大部分は大坂市中や近接地域で展開していた加工業者によって需要されたものである。とりわけ絞油業は大坂市中のみならず周辺農村においても展開し、西日本や日本海側地域から大量に回着する蔵米の最終消費先となった。近世大坂へは最盛期において 150 万石ほどが回着したが、同市中人口は最高でも 40 万人ほどだったので 100 万石前後の消費先が問われるところである。近辺には伊丹や池田、灘等の酒造地域があり、それらに酒米として引き取られる消費もあったが、その他の需要先が農村地域でありながらそこで非農生産に従事する加工業者であったわけである。

　第五に、近世後期に大坂が全国を包囲するほどの金融機能を保持するようになったことである。大坂問屋は当初、荷受を主とする商品取り扱い業者として成長したが、次第に問屋業務の分化を進めるなかで輸送業、倉庫業、金融業に進出するようになった。とりわけ大坂へのより大量の集荷を進め、江戸その他への商品販売を拡大するために金融機能の拡充は重要となった。大坂問屋が西日本を中心とする商品出荷地からより積極的に集荷を進めるには、現地商人への信用供与が不可欠である。当初は受け身で各地からの商品販売を行っていたが、売れ筋商品を積極的に集荷するため現地商人に対して買い集め資金を前貸ししたり、受け荷代金を発送と同時に手形で前渡ししたりするようになった。また江戸その他の販売先に対しても、現地商人からの代金支払いを延べ払いとする信用を与えた。これら問屋が供与する大坂全体の資金は巨額であり、その融資を専業とする両替商も出現した。大名貸しを行ったり中小両替商に融資したりする十人両替は 17 世紀後半には成立しており、大坂経済の中核的位置を占めた。

　以上のように、近世日本の物流や信用体系の中核的地位を占めるほどの発展を示した大坂であったが、19 世紀に入るころには独自の集荷力と金融力に陰りを見せ始め、それまでの影響力を維持できなくなった。その要因は各地で成長し、発展した港町商人や海運業者が独自の物流ルートを開拓したり出荷地への信用供与を行うようになったりしたことである。たとえば、西日本から大坂への水運幹線ルートである瀬戸内沿岸には下関、室津、柳井、尾

表1-1 近世中期以降の大坂への商品廻着量

商品	単位	廻着量（実数）			廻着量（指数）		
		元文1	文化・文政	天保11	元文1	文化・文政	天保11
		1736	1804-30	1840	1736	1804-30	1840
米	万石	120	150	108.5	67	100	72
塩	万俵		120	98.7		100	82
炭	万俵	69	250	181.8	28	100	73
毛綿	万反	121	800	300	15	100	38
実綿	万貫	16	150	97.7	11	100	65
繰綿	万貫	4.8	200	134	2	100	67
蝋	万丸	0.7	10	6	7	100	60
紙	万丸		13	8.3		100	64
瀬戸物	万俵		1	0.3		100	30
銑	万束		2.4	1.8		100	75
鉄	万束		2	0.8		100	42
藍	万束	2.1	4	4.2	53	100	106
石	貫		200	130		100	65
吹銅	万斤	305	100	49	305	100	49
獣皮	万枚		10	7.2		100	72

出典：安岡重明『日本資本制の成立過程』ミネルヴァ書房、1970年、62ページ。

道、鞆、牛窓、下津井等多くの中継港があったが、それら諸港に寄港する商船から非自給物資を仕入れしたり、後背地の特産物を販売したりして次第に富を蓄積し、それぞれ地域の有力商人に成長した事例は多い。彼らは資本蓄積するほどに大坂問屋の支配からは自由になる。また、北前船のように、北日本と瀬戸内沿岸を各地の商品需要に対応し価格差を求めて自由に航行し、中央市場・大坂を経由しない物流が増大することになる。さらに18世紀より次第に拡大してくる諸藩専売政策においても大坂蔵屋敷を経ないで領

---

(5) たとえば周防柳井津小田家や備後尾道橋本家の、それぞれの地方商人としての成長を確認できよう（岩橋勝「近世後期西南地域における貨幣流通——柳井津小田家棚卸帳を中心として」『西南地域史研究』第2輯、文献出版、1978年、および尾道市役所（編）『尾道市史 下巻』尾道市役所、1940年）。

国から江戸直送を行うケースも増加していった。

　これら近世後期の動きは大坂集荷量の減少を招かざるを得ず、その動向を数的に示すと表1-1の通りである。移入品価額ではもっとも多かった米は元文元（1736）年に約120万石であったが化政期（1804-30）には150万石（銀8万9千貫目）とピークを示した後、天保11（1840）年には108万5千石と3割近く減少した。おなじく化政期に価額のうえで米とほぼ同額（約9万貫目）の移入があった綿関連品（毛綿・実綿・繰綿）は天保期には半額近い減少となった。19世紀前半のその他品目の動向を見ると、塩、炭、蝋、鉄、吹き銅等大半が2割から5割の減少となった。引用史料（『大阪市史』）には綿関連品につぐ移入額があったとみられる絞油原料の菜種が欠落しており、不完全性は否定できないが、天下の台所としての大坂市場の低落を数量的に確認することはできるであろう。

　さらに大坂市場の斜陽化に拍車をかけた動向がある。近世前期に同市場を経由して非自給物資を移入していた地方経済が次第に発展し、独自の生産―消費の完結する経済圏を形成したことである。それらのうち規模の面でも大きな経済圏が江戸地廻り経済圏である。17世紀前半、当時の世界最高都市人口100万人を数えるほどに発達した江戸の食糧米は、幕府や諸藩が直送したり余剰分を市中に払い下げてもなお不足し、それらは主に東海地域以東の東日本から調達できた。また、江戸湾沿岸で古くから自給していた塩や、鮮度の面から近接農村や漁村から供給せざるを得ない青物、生魚は当初から江戸近傍から調達していたが、都市建設とその維持に必須の木材や江戸詰め領主層向けの絹織物や酒、灯油、紙、木綿などの多くを西日本、とりわけ大坂を経由して入手しなければならなかった。これら西日本に依存していた多くの物資は図1-1のように、19世紀前半頃には関八州内部で特産地化が進み、広域的な分業生産体制が確立しつつあった。巨大消費人口をかかえる江戸への供給をただちにすべてまかなえるほどのものではなかったが、こうした江戸地廻り経済圏の成長が徐々に江戸における問屋商人の商業資本家としての地位をも高めていった。

　以上のように、「天下の台所」と言われた大坂の位置は物流面では幕末期

に向け相対的には斜陽化していった。ただ、物流にかかわる大坂商人が店じまいをする場合もある一方、兼業していた金融活動に専業化したり、さらに大手金融業者のうちには大名貸しに集中して家産維持につとめたりした事例も少なくない。近代初期の関西商人の特質を論じるうえで、近世後期のこのような状況は十分に踏まえておくべきであろう。

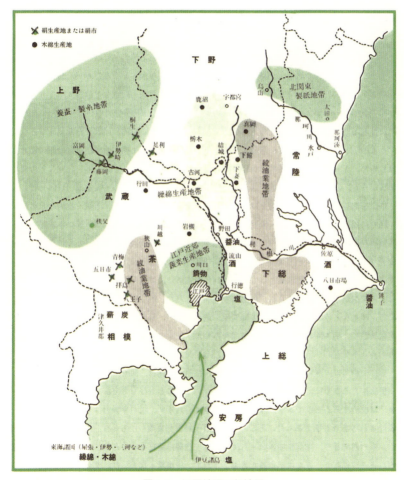

図1-1　江戸地廻り経済圏

出典：岩橋勝「化政期の経済変貌」竹中靖一・作道洋太郎編『図説日本経済史』学文社、1972年、94ページ。

3 明治初年貿易・金融の動向

　安政5（1858）年の日米修好通商条約とそれに続くヨーロッパ5か国との通商条約によりわが国は神奈川（横浜）・長崎・箱館・新潟・兵庫（神戸）の開港と江戸・大坂の開市を求められた。翌年開港（兵庫と大坂は後年に延期）し、世界市場に向けた貿易が開始された。その際、欧米各国がわが国産物に注目したものが生糸と茶であった。なかでも生糸は幕末期総輸出額の7割以上（繭・産卵紙を含む）を占め、茶や水産物のほか明治期に入り石炭や銅の輸出が拡大するなかでもつねに3分の1以上のシェアを維持していた。このことは、この後のわが国貿易港のあり方に大きく影響したと思われる。

　すなわち、5つの開港地のうち江戸に近接した神奈川（横浜）がもっとも早く整備され発展したが、それは開港前に下田が果たした外国との交渉窓口としての機能が移っただけではなかった。貿易開始いらい輸出品の中核を占めていた生糸の生産が関八州北部や甲信地方に集中していたことから、5港のうち積み出し港としてそれら産地により近い横浜が輸出拠点として急速に発展した。横浜港は首都圏玄関口としての特性を示しており、主要輸入品に占める機械・兵器や鉄鋼の比率が目立つ。東京および近辺地域で展開する近代建築や鉄道、工場等で必要な物資がより集中して移入されたことを示している。また、生糸の輸出先が主にアメリカや欧州であったことから、横浜居留地の外商は欧米が主要で、中国人は商人としてよりも通訳あるいは買弁としての役割が大きかった。[6]

　これに対し横浜に9年遅れて開港・開市した神戸・大阪で当初中心となった外商は長崎から移住した中国商人で、主たる輸出品は近世において取り扱ってきた中国向けの海産物（海鼠・干鮑・鱶鰭・昆布等）と銅であり、加えて関西が主産地であった茶も1880年代までは主要な地位を占めた。輸入は当初は綿糸や綿布・綿織物が大半を占め、後に紡績業が関西地域で展開するようになると、綿花が急増してそれらと代替するようになった。その他では砂糖・大豆・雑貨等を輸入し、マッチ・綿製品・洋傘等多品目の輸出を

---

(6)　杉山伸也「国際環境と外国貿易」梅村又次・山本有造編『開港と維新』（日本経済史3）岩波書店、1989年、184-187ページ。

行った。貿易主体は欧米商社が主であった横浜と異なり、近世以来の取引ルートに通じた中国商人の比率が高かったので、当然に主な貿易相手地域は中国その他の東南アジアであった[7]。

　以上のように、幕末維新期の横浜・神戸両港の貿易開始時期、輸出入商品、外商とその取扱い先などを比較すると明確な差異があった。わが国全体としての輸出入総額の推移については、開港時から明治初年にいたる期間で信頼できる貿易統計は得られていない。しかし、限られたデータから慎重に推計された貿易動向を見ると着実に拡大していった[8]。しかも、港別に輸出入額動向が判明する1882年以降世紀末について見ると、横浜と神戸両港のみで9割前後、少なくとも8割以上のシェアを占めていた。その期間内において、神戸からの輸出シェアは22％から32％と増え、長崎からの輸出は10％から4％に減少したので、神戸開港前に長崎港から輸出されていた商品の多くが神戸に代替されていったことを示唆している。輸入の構成比率は神戸が30％から50％に増加したのに対し、長崎は4％から7％へとわずかながら増えているので、輸入に関しては両港の間で代替関係なく、独自に展開したことがわかる[9]。このように、幕末維新期の貿易動向は当初は横浜が中心であったが、神戸開港後1880年代以降は神戸が急速に発展し、横浜港と並ぶ存在となった。

　貿易の発展・継続には信用供与は欠かせないが、横浜・神戸ではこの面でも差異があったようである。開港当初の横浜は前述のように生糸輸出が中心だったので、その貿易主体となったのは欧米の生糸市場動向に通じた外商であった。居留地貿易体制に制約を受けながらも彼らは国内の生糸産地に明るい商人に資金を前貸しし、独自の集荷体制を構築していった。これら外商に信用を供与したのはすでにインドや中国で活動を展開していたヨーロッパ系銀行であった。とりわけ1866年に横浜に進出した香港上海銀行は影響力を

---

(7)　以上、近代初期貿易品については、杉山「国際環境と外国貿易」およびMartins「明治期に於ける貿易史の研究」を参照。
(8)　杉山「国際環境と外国貿易」192-193ページ。
(9)　Martins「明治期に於ける貿易史の研究」60-61ページ。

拡大し、わが国対外貿易金融において重要な役割を演じた(10)。ただし、生糸集荷ルートでは産地での買い付け事情に詳しい地元商人や外商に売込みを計る仲介商人たちが成長するとともに金融面で支配を受けることはなかった。

一方、神戸での貿易は当初近世長崎で活動していた中国商人も移住して始まったこともあり、欧米外商はかれらと競合しなければならなかった。とくに中国商人は日本市場により精通しており、より長期の在庫を維持する資金的余裕も欧米外商に比べて大きかった(11)といわれる。したがって神戸にも進出したヨーロッパ系銀行が信用供与する余地は横浜に比べれば少なかったようである。

ところで、幕末維新期にあらたに登場した海外貿易市場に対し、国内で関与する商人たちへの信用供与はどのように行われたのだろうか。維新期前の信用供与で中核となっていたのは両替商であり、かれらが提供する信用に依拠して都市問屋が産地および消費地までの流通ルートを主導的に支配した。都市問屋は産地にたいしては生産資金や荷主の買い集め費用等の前貸しを行い、消費地にたいしては引受問屋に販売商品の小売商人から代金を回収するまで支払いを猶予する延払信用を供与した。商品流通の支配権を維持するめいずれの方面へも資金提供を行わざるを得ない都市問屋の資金力には限界があり、かれらにその資金を提供したのが両替商であった。

維新政府による殖産興業政策においてあらたな金融主体となったのは国立銀行であった。旧来の都市問屋資本による守旧的商品流通ルートにかわって、輸入代替をはかる近代工業育成、および輸入拡大のための在来産業振興の新旧両面であらたな金融ルートが求められ、それが全国的な休眠資本を活用しようとはかった国立銀行の設置であった。求められた期待は総資金量という量的問題だけではなく、信用の主導性転換による資本回転の効率化とより自由な商品流通拡大であった。荷主が出荷の際に振り出した荷為替手形を銀行が割り引いてのちに問屋が支払うことにより、荷主が問屋から受ける金融支配は後退せざるを得なくなり、荷主の資本回転は問屋への荷物到着時か

---

(10) 杉山「国際環境と外国貿易」183 および 190 ページ。
(11) 杉山「国際環境と外国貿易」186 ページ。

ら出荷時点へ運送期間分早まって、あきらかに有利となった。国立銀行はこうした西欧流手形取引を広めることにより新しい商業信用形態を生み出した。[12]

　以上のような期待もされて 1872（明治 5）年国立銀行条例の公布のもと翌年以降に設立された国立銀行は当初の設立条件の厳しさもあって開業は 4 行にとどまったが、4 年後の条例改正により全国各地で一気に設立が進み、合計 153 行となった。このような急速な多数設立要因は、当初の条例では資本金の 40％相当の兌換準備金を正貨で保有しなければならなかったところ、改正条例では同年に華士族の家禄が金禄公債化され、それを資本として設立可能となったことによる。このため、国立銀行は華士族の禄券銀行であるとか、士族銀行であると理解されがちである。たしかに華士族資本金は 153 行設立後の総出資額の 76％を占めた。しかし、その実際の設立のためのイニシアティブや経営主導権は各地商人・地主が握っている場合も多く、また増資に際して華士族が脱落する場合も少なくなく、商人・地主の比率が増加した。[13]

　このように国立銀行の地域別設立状況を観察すれば当時の潜在投資力をさぐる手がかりともなるため、全 153 行について創立時の資本金規模別に分布状況をみておこう。資本金最高額は第 15 国立銀行（東京）の 1,782 万円、最小額は第 16 国立銀行（岐阜）ほか第 150 国立銀行（八戸）等合計 41 行の 5 万円であった。きわめて広がりがあるが、第 15 国立銀行は全華族に交付された金禄公債の 40％近くを鉄道建設と外債償却のため、集中的に出資を呼びかけ創設されたもので、規模としては例外的なものであった。ついで高額出資は第 1 国立銀行（東京）の 150 万円、第 44 国立銀行（東京）の 70 万円である一方、大阪の最高額は第 13 および第 130 国立銀行の 25 万円と意外に少額であり、東京とは大きな差があった。地方都市で目立つ高額資本金は

---

(12) 新保博「徳川時代の商業金融―荷為替金融をめぐって―」『国民経済雑誌』115 巻 1 号、1967 年、および鴇見誠良「近代の貨幣と信用」桜井英治・中西聡編『流通経済史』山川出版社、2002 年、501 ページ。
(13) 朝倉孝吉『明治前期日本金融構造史』岩波書店、1961 年、73-170 ページ。

表 1-2　国立銀行地域別分布

地　域	設立数	内 資本金規模大
北海道	2 (2)	0 (0)
東　北 (6)	14 (2.3)	2 (14)
北関東 (3)	9 (3)	2 (22)
南関東 (3)	11 (3.7)	3 (27)
東　京	16 (16)	13 (81)
甲信越 (3)	11 (3.7)	1 (9)
北　陸 (3)	8 (2.7)	1 (13)
東　海 (4)	17 (4.3)	0 (0)
近　畿 (6)	16 (2.7)	4 (25)
大　阪	10 (10)	4 (40)
中　国 (5)	10 (2)	2 (20)
四　国 (4)	9 (2.3)	1 (11)
九　州 (8)	20 (2.5)	2 (10)
計	153	34 (22)

注：1　地域欄カッコ内は府県数
　　2　南関東・近畿に東京区部と大阪市は含まず
　　3　設立数欄カッコ内は地域内1府県あたりの数
　　4　創立時資本金20万円以上を規模大とした
　　5　資本金規模数欄カッコ内は規模大のシェア（％）
出典：朝倉孝吉『明治前期日本金融構造史』123-133ページ
（但し第121大阪資本金は誤植と思われるので『図録日本の貨幣』7で補訂）

第110国立銀行（山口）の60万円と第147国立銀行（鹿児島）の40万円と続くが、国立銀行全体の中位値は8万円で、地方では少額資本金の銀行が少なくなかった。そこでここでは20万円以上を大規模資本金銀行とみなし区分しよう。（表1-2）

そうすると、まず府県別設立数の分布では東京（現23区内）16行と大阪10行が突出しており、ついで東海地域4.3行と南関東および甲信越の3.7行と続いている。資本蓄積がより進んでいたとみなされる西日本では近畿が2.7行、九州が2.5行、四国が2.3行、中国が2行と北陸や東北地域より同水準ないしそれ以下であったことが注目される。また、資本金の規模別では、東京が突出しているが、大阪は大きくなかった。改正条例による設立

は1877年から始まるが、翌年後半あたり以降の設立では20万円未満の小額資本金が目立っているので、より高額な出資者の多い銀行ほどまとまりやすく、申請も円滑に進んだことがうかがわれる。また、おおむね県庁所在地や生糸集散地のような主要商業地では20万円以上が目立っている。さらに、近世においてより資本蓄積の進んだとみられる西日本でさほど資本金規模が大きくなかったことも明記されるべきであろう。このことは東京で設立された銀行と比べて大阪で設立された銀行の資本金がおおむね小額であったことにも通じていそうである。つまり、それぞれの遊休資本を糾合して新事業への投資が求められる際、旧来より資本蓄積を進めていた商家や地主たちが地域内で広く存在する場合、銀行からの信用供与への依存度は低かったであろうことが想定される。[14]

4　近代初期関西経済の位置
(1) 紡績業はなぜ関西中心であったか

綿（棉）作―綿繰―紡糸（紡績）―綿布（さらに染色）の工程からようやく最終消費財となる綿業は中世末に生産が始まった。近世においてそれぞれの工程で地域分業化されることはあっても、国内全体では自給生産できるようになった代表的な商品である。完成品になるまでの工程が長く、それぞれに一定の技術を要することから、綿製品は現代に比すればはるかに価値の高い商品で、着古した綿衣料独自の古手市場が成立するほどであった。ところが幕末開港後に安価なイギリス製綿布が輸入されるようになると明治初年にかけて貿易赤字の大きな部分を占めるようになった。ただし、日本を含むアジアの多くでは短繊維綿花ゆえの厚手綿布が主流であったため、国内綿布市場を輸入綿布がただちに凌駕するには至らなかった。しかし、薄手だが安価で高級感のある輸入綿布は新しい需要層を開拓し、国内市場にとって脅威で

---

(14) 欧米型信用体系が導入されても、在来産業や新興小規模産業では現金取引や旧来の問屋による延払い信用による決済が20世紀初頭でも少なくなかったという（鷂見誠良「近代の貨幣・信用」桜井・中西編『流通経済史』山川出版社、2002年、507-508ページ）。

あることに誤りなく、対応策が求められた。

　国内在来綿業の対応の第一は、安価で品質均一な輸入細手綿糸と在来手紡綿糸を混織し、国内需要に適した綿織物を製織することである。幕末期においても東北や中国山間の後進地等では古着購入や繰綿購入による綿布自家生産、さらには麻布の自家生産が衣料調達主流である地域があり、明治初年にかけて供給される安価な輸入金巾とともに新たな混織綿布の需要先となった。[15] 小規模家内工業段階の当時のわが国織物業は染色一つ取り上げても先染め、後染めと工程一律でなく、織り方についても縞木綿や絣木綿等、多種綿布生産に適していて需要構造の変動に対応しやすかった。

　第二の対応は綿糸輸入量を減らすべく、国内の原綿、すなわち繰綿を使用した機械紡績を拡大することであった。近世の綿作地帯を中心に展開した手紡による綿糸生産は主要な農家副業の一つであり、主業はあくまで綿作であった。副業としての綿糸生産よりも稲作同様に主業である綿作の維持発展をはかったわけである。このため幕末維新期早々に薩摩藩による鹿児島紡績所や堺紡績所、また東京の木綿問屋鹿島万平による滝野川紡績所が開設されたのち、官営工場としての堺、広島、愛知紡績所も1882（明治15）年にかけて設立された。民間では在来手紡のおよそ4倍の効率をもつガラ紡も各地で普及した。それでも価格面で輸入綿糸に対抗しえず、政府はより生産性の高い2千錘紡機10基を綿作地に近い瀬戸内沿岸地などに設置した。それでもなお輸入綿糸に対抗しえず、渋沢栄一等の企画のもと1882年に1万500錘という大規模な大阪紡績会社が設立し、ようやく機械制綿糸生産の国産化に成功した。これらは当初から輸入綿花を使用したように見られるが、大阪周辺や瀬戸内沿岸、名古屋周辺等、あくまで旧来綿作地の綿花を大量に使用して、国内綿布生産の自給化をねらったものである。しかし、幕末期以来の綿布・綿糸輸入の増大は一時的に綿作面積の減少を回復させる局面もあったが、紡績機械使用の原綿としてわが国在来の短繊維綿花は適合しえず、その後の紡

---

(15)　斎藤修・谷本雅之「在来産業の再編成」梅村又次・山本有造編『開港と維新』岩波書店、1989年、243-244ページ。

績会社設立ブームを待つことなく綿作面積は減少化のスピードを増した。[16]

以上のように、明治初年のわが国入超の要因であった綿布・綿糸輸入を打開するための機械制綿糸生産展開は、結果としてこの後に綿花輸入を増やし、輸入構成の中で大きな位置を占めるようになっていった。しかしこのことをもって紡績会社がその設立の際、当初から国内綿作農家との接点がなかったと理解することはできない。政府肝いりで設立された二千錘紡績（十基紡）が操業していた時期に相当する1878-82年の5年平均で、国内への繰綿供給総量は国内産95％に対して輸入は5％にとどまっていた。その後の5年間でも輸入比率は10％で、原綿比率が急速に増加したわけではない。そして大阪紡績でさえ1883年操業開始当初は摂津・河内の上質綿を選別して原綿使用した。1889年操業開始の鐘紡でも愛知県三河地方の綿使用に努力した。[17] このように、どの紡績会社も可能な限り機械紡績用の国内産原綿使用に努め、産地と提携して品質向上を求めたが、やむなく清国およびインド産原綿にシフトしていったわけである。

大阪紡績会社の事業成功のあと、それまで二千錘規模でかろうじて操業を継続していた三重紡績や玉島紡績、岡山紡績は急速に紡錘規模を拡大し、1891年時点で多くが1万錘前後ないしそれ以上の規模となった。ここで注目されるのは、紡績所の多くが関西や瀬戸内沿岸部の綿作地域に近接していることである。1889年時点で操業していた8紡績所のうち、大阪、天満、浪華、平野は関西、岡山、玉島は瀬戸内であり、いずれも綿作地である。残る三重紡も綿作地・三河に近く、残る東京紡は民営・鹿島紡績が母体で、東京の繰綿問屋達が資本提供した。このように、大規模紡績所設立に際していずれも原綿が近傍で得られやすい場所が重要な立地条件となっており、関西により集中した一つの要因であったといえよう。つまり、当初から原綿調達を国外に求めるなら、民間紡績会社は関東地区でももっと多く設立されてし

---

(16) 古島敏雄『産業史Ⅲ』山川出版社、1966年、250-265ページ。明治政府による殖産興業政策や官営工場の推移など、近代工業史の側面から紡績業展開を論じる通説書が多いなかで、本書は農業経済史家である著者による近世以来の綿業と農村加工業史をふまえた大阪紡績会社開設までの稀有な解説である。

(17) 古島『産業史Ⅲ』324ページ。

かるべきであったわけである。

(2) 関西の潜在的信用力について

　近世において江戸は金遣い、大坂は銀遣いと一般的に理解されてきた。その際、利用される通貨が金貨であるか、銀貨であるかという場合と、取引に際して基準貨幣を金、銀いずれにするかという場合とでは意味が異なる。決済に際し金貨で授受されても取引基準が銀建てという場合も少なくなく、それは近世後期関西で多く見られた。もともと秤量貨幣として鋳造された銀貨が18世紀以降、金貨単位の計数銀貨に鋳なおされて、カテゴリー上では金貨に転じてしまい、流通の場では銀貨が漸次姿を消していったためである。金銀貨の間には公定相場はあったが、貨幣市場では日々相場が立ち、銀遣いの関西では取引基準は銀建てが一般的であったので、流通銀貨が少なくなると決済の際にその都度銀相場で換算して金貨で授受する事例が増加した。貨幣流通の場で銀貨が減少していったのに幕末期まで銀建て取引がそのまま継続した理由について、まだ説得的な説明は行われていない。明治新政府による1867年の銀目停止令後も西日本では一定期間銀遣いは民間で根強く継続していたので、近世初期以来、関西経済の基軸貨幣であった銀貨が慣行的に取引の場では容易には停止しがたかったと考えるほかない。

　いずれにしろ金銀貨に対する需要に江戸・大坂で大きな差異があったと言われるほどには、実際のマクロデータが確認されることは、これまでほとんどなかった。表1-3はわずかに利用可能な貴重なデータである。[18]幕府は金銀貨改鋳後、[19]積極的に新旧貨幣の引き替えを進めたが、元文改鋳（1736～）に江戸で引き替えられた新貨のうち97.4％は金貨で、銀貨はわずか2.6％にとどまった。金銀貨の引替比率がただちに流通（使用）比率を示すとは言えないが、江戸においては金貨が日常的に使用され、銀貨使用はまれであったと理解するには十分なデータであろう。一方、関西では逆に銀貨の引替比率

---

(18)　データの詳細は、山口和雄「貨幣改鋳と三井組」同編『流通の経営史』日本経営史研究所、1989年、を参照。

(19)　以下ここで取り上げる金銀貨は近世初期以来流通の小判・一分判と丁銀・豆板銀であり、文政改鋳に先立って鋳造され、流通していた南鐐二朱銀と文政（真文）二分判は含まれていない。

表1-3 江戸期新旧金銀貨三都引替比率

A 元文金銀貨 1736-38年

	金貨		銀貨			計
	千両	比率	貫匁	（金換算）千両	比率	千両
江　戸	8,594	97.4	12,251	229	2.6	8,823
京　都	373	13.0	133,951	2,499	87.0	2,872
大　坂	349	13.2	123,226	2,299	86.8	2,648
計	9,316	65.0	269,428	5,027	35.0	14,343

B 文政金銀貨 1820-23年

	金貨		銀貨			計
	千両	比率	貫匁	（金換算）千両	比率	千両
江戸等東国	4,219	99.0	2,651	42	1.0	4,261
京　都	854	65.7	27,900	446	34.3	1,300
大　坂	1,080	49.1	69,960	1,119	50.9	2,199
計	6,153	79.3	100,511	1,608	20.7	7,761

出典：山口和雄「貨幣改鋳と三井組」山口和雄（編）『流通の経営史』日本経営史研究所、1989年、29ページ（原史料は、三井文庫蔵「元文引替所案内高留引替高写」および『三貨図彙』遺考巻3、白東社、1931年、1223-34ページ）より作成。

注　：銀貨の金換算は、元文期は元文2,3年江戸相場平均（1両＝53.6匁）、文政期は文政3〜6年江戸相場平均（1両＝62.5匁）を用いた。

が高く、大坂・京都ともに約87％で、金貨は約13％に過ぎなかった。江戸ほどには一方の銀貨をほとんど使用という状況ではなかったが、江戸での主使用貨幣である金貨の一定度の流通は避けられなかったのであろう。

この後、約80年経た文政改鋳時にも三都での新旧貨引替状況を知ることができる。改鋳4年後のデータであるため、新鋳造貨幣すべての引替比率を示してはいないが、金銀貨引替比率の相異を見るうえで支障はない。元文期と大きく変わったのは、金貨の使用比率が全国的に進んだことである。江戸（奥羽等東国地域分も含む）での新貨幣引替は大半金貨となり、銀貨はわずか1％となった。元文期にはまだ金貨使用比率10％余に過ぎなかった関西では、京都では65.7％、大坂でも49.1％と大幅に金貨流通が進んでいる。元文銀貨鋳造量52万貫目と比べて文政銀貨の鋳造量は半分以下の22万貫目で

あったので、新銀貨不足のため引き替えが進まず、やむなく金貨を代替するようになったとも推測される。しかし事実はむしろ逆であって、当時大坂での新旧銀貨引替が幕府の期待したほど進まなかったため、従来の御為替御用方の三井組および十人組に加え、鴻池他15軒の大坂両替店を幕府があらたに指定して引替推進に努めた。[20]このように、19世紀に入ると関西でも流通貨幣としては金貨使用が増大してきた。しかし前述の通り、取引の際は銀貨が基準貨幣として幕末期まで使用された。この乖離が関西における信用取引を拡大させたように思われる。

19世紀関西において銀貨使用が減少していった理由は、当初幕府が期待していたと考えられる「金貨本位制」が進行したようにも見える。たしかに、すでに17世紀後期より丁銀の大量海外流出と銀山の枯渇化により銀貨鋳造素材の調達難に陥り、関西では銀貨に代えて金貨を使用する環境は整いつつあった。しかし、銀遣いは1868年の「銀目停止」令にもかかわらず、その後も根強く取引の場で継続している。銀建て取引の決済に際し、それぞれの時期の金銀相場で換算して金貨で支払うという事例は西日本では少なからず観察可能だが、大坂では銀目手形の使用が近世後期から一般的になっていて、その額は巨額なものとなった。[21]

江戸では現金取引が主流であったが、関西では商業取引決済を手形で行うようになり、その実施度合いは幕末期大坂では99％、京都でも50％前後と言われる。[22]これは1887年に東京商業会議所が編集した『商業慣例調』に記載された記述によるもので、具体的な調査の時期や方法は明確ではない。しかし大坂では手形使用によって大幅に銀貨が節約できたことは想像に難くな

---

(20)　山口「貨幣改鋳と三井組」34-35ページ。
(21)　西日本各地に残存する貸借証文によれば、貸借額が銀建てであるにもかかわらず満期決済の際、時相場に換算して金貨で手交するような事例が少なくないほか、商家棚卸帳において銀建てで勘定しながら保有貨幣の内訳が幕末に向けて金貨が大半になっていく様子も観察可能である（岩橋「近世後期西南地域における貨幣流通」を参照）。また、明治期に入っても銀建て勘定が明治8年まで持続する事例として、福山藩領商家を紹介した山本有造『両から円へ―幕末・明治前期貨幣問題研究―』ミネルヴァ書房、1994年、を参照。
(22)　作道洋太郎『日本貨幣金融史の研究』未来社、1961年、249-250ページ。

表 1-4　銀建て信用取引量推計　　（単位　千両）

年	金貨在高	秤量銀貨在高	銀建て信用取引量	信用取引比率（％）
1695	10,627	5,467		
1710	15,050	10,755		
1714	19,405	18,120		
1736	10,838	10,204		
1771	19,114	8,600	10,514	55
1818	25,047	4,208	20,839	83
1843	47,031	8,536	38,495	82
1866	114,175	1,582	112,593	99

出典：岩橋『近世貨幣と経済発展』50 ページ、表 2-2 を加工。
注　：　1　市場における金銀貨需要はどの期も金銀ほぼ同額と仮定。
　　　　2　銀建て信用取引量は金貨在高と秤量銀貨在高の差額。
　　　　3　信用取引比率は銀建て信用取引量／金貨在高。

く、それらがどの程度のものであったか、おおまかに推計してみよう。

　表 1-4 は各貨幣改鋳期直前時の金銀貨在高の動向を示している。幕府がはじめて慶長金銀貨の改鋳に踏み切った元禄年間、銀貨は金貨の半分ほどしか流通していなかった。これは先述の通り銀貨の大量移出によるもので、素材源不足から元禄改鋳は銀貨の品位を金貨以上に落としてでも増鋳しなければならなかった。その結果、宝永改鋳前には銀貨は相対的に増加した。その後、正徳・享保および元文改鋳直前には金銀貨はほぼ同量の在高を示しており、18 世紀前半のこの金銀貨在高比率を維持することがその後も改鋳目標になっていたのではないかという仮定を抱かせる。元文金銀貨は慶長金銀貨の時代と並ぶ、金銀相場の長期安定期とも言える時期であり、その要因のひとつに元禄期いらいの金銀貨安定供給があったと思われる。

　もしそうだとすれば、その後の銀貨在高の減少をどのように理解すればよいであろうか。近世後半の銀貨減少は 17 世紀とは異なり、丁銀を計数銀貨に吹きなおしたことによるものであった。計数銀貨は当初五匁銀という、カテゴリーとしては丁銀とおなじ銀貨だったが、その後あらたに鋳造した南鐐弐朱銀は 8 個で 1 両と交換できる、カテゴリーとしては金貨に改鋳され

た。そうした吹き替えは幕末にかけて壱朱銀、一分銀というように種類も増加し、「銀貨の金貨化」が進行した。表1-4において、金貨在高が増えるにつれ銀貨在高が減少して行ったのは、こうした事情によるものである。そして関西において銀遣い取引がいぜんとして継続したにもかかわらず、基準貨幣である秤量銀貨を流通界でほとんど必要としないほどの取引が可能となった理由が銀目手形の流通であった。したがって、19世紀に入っても銀遣い取引が全国規模で金遣い取引とほぼ同額継続したとすれば、18世紀後半には55％も信用取引となっていることが想定され、それは19世紀前半には83％、幕末期に99％となった。幕末期の数値はたまたま前述の『商業慣例調』が記している大坂の銀目手形使用比率と合致しているが、少なくとも関西での信用取引がいかに進展していたか、という状況を示しているであろう。[23]

(3) 大坂両替商の動向

　近代移行期大阪経済がどのように変化したかについて、これまでの多くの理解は朝廷が東京に移り、幕藩体制下の江戸幕府にくらべて明治新政権の中央政府性が強化されたことにより、大阪の中央市場としての機能も失われていったというものであろう。遷都と急速な近代国家建設のために費やされる首都の整備資金や物資の多くは直接東京に向けられるようになって、「天下の台所」としての大阪の機能が後退していったことは否めない。そうした大阪の地盤沈下論の契機の一つに1868年の銀目停止令があり、関連して大坂両替商の後退論がある。[24] 銀目停止とは銀貨を基準貨幣とする取引をやめさ

---

(23)　明治期に入っても銀遣い取引や経営帳簿における銀建て記帳が継続する事例が少なくなかった一方で、幕末期大坂では安政開国以降、銀目手形の一部が金建て手形に急激に転換するようになった（作道『日本貨幣金融史の研究』294-295ページ）。同時期、関西では金相場が上昇（銀下落）し、慶応期にかけてとくに大坂での傾向が顕著であった（新保『近世の物価と経済発展』173ページ）ので、当然に手形受取人は銀建て手形よりも金建て手形を選好するであろう。いずれにしろ、このように金建て手形への転換が大坂で進めば銀建て信用取引量はより低めに修正する必要があろう。ただ、「信用取引比率」動向は変わらない。

(24)　銀目停止による大阪両替商の後退というこれまでの定説に立つ主要な論著はつぎの通り。吉岡源七「両替商沿革史」黒羽兵治郎編『大阪商業史料集成　第3輯』大阪商科大学経済研究所、1937年、松好貞夫『日本両替金融史論』文芸春秋社、1932年、作道『日本貨幣金融史の研究』。

せる新政府の布告である。現金取引では問題ないが、決済時期が一定期間後になる商品の掛け取引や金銀貸借では混乱が生じた。政府の意図は銀目建て取引の場合には契約時の金銀相場をもって金貨で決済することであったが、幕末期関西では金相場が上昇局面にあったため混乱に拍車を加えた。とりわけ、決済相場を契約時ではなく銀目停止令が出た日付に固定する変更方針が出た際には、銀目手形保有者の多くが両替店に押し掛け、取り付けが生じたと言われる。この騒動のため30～40軒の両替商が閉店を余儀なくされ、その内には十人両替が5軒も含まれていた。[25]

ただし、銀目停止令による取り付けで大阪両替商の多くが機能停止にまで陥ったかというと断言はできない。閉店に追い込まれた両替商は、空手形の過剰発行や幕府による御用金徴収で財政基盤を脆弱化していたようで、多くの両替商は一時休店、休業することはあっても、騒動鎮静化とともに業務を再開し、翌年設立された通商会社、為替会社の経営に関与する事例が少なくなかった。[26]個別両替商の経営分析結果も共有できており、鴻池善右衛門家の分家筋両替商・鴻池栄三郎店勘定帳によれば1855～1871年の動向が判明する。1868年に287貫目余の損失を計上しているが、同家はすでに銀目停止令の出る12年前より経営は悪化しており、純益を計上できたのはわずか3年に過ぎなかった。ただし、1855年以降にかんするかぎり1870年に最大収益を上げていて、[27]同家経営が維新期の銀目停止令で弱化したわけではなかった。また、大阪両替商の多くが銀目停止令に先立つ鳥羽・伏見の戦いがあった1868年1月中に破綻しており、それは従前の幕府資金預かり分の薩長両藩による戦利品強奪という名目のもとでの大きな損金のためであった。[28]

このように、銀目停止令は大阪両替商経営基盤を揺るがす契機とはなったが、その影響度合いは個々の両替商の幕末期における取引関係や資産規模等によりさまざまであった。三井大阪両替店のように朝敵として薩摩藩から1

---

(25) 鹿野嘉昭『日本近代銀行制度の成立史』東洋経済新報社、2023年、第2章。
(26) 鹿野『日本近代銀行制度の成立史』88-91ページ。
(27) 中川すがね『大坂両替商の金融と社会』清文堂、2003年、248ページ。
(28) 石井寛治『経済発展と両替商金融』有斐閣、2007年、84-87ページ。

万5千両もの上納を命じられ、その後も経営を持続できた両替店がある一方、2千両前後の資金上納で破綻を余儀なくさせられる両替店もあったわけである。

(4) 近代移行期における休眠資本の動向

　幕末開国以降の日本において、意欲的な商人にとっては多くの商機到来ととらえられたであろう。国外から従来にない新規商品がもたらされ、また逆に養蚕・製糸業が西日本山間部の多くへ拡散していったように国外からのあらたな需要増大、さらに政権交代による商業秩序の変動がリスクをはらみつつも旧来の規制緩和や消滅によって、一商人から始めてのちに財閥をなすような企業家を生み出した。

　ただし、歴史は華々しい成功者の記録に偏りがちと言われるように、それぞれの時代を粘り強く耐え抜き、のちに相応の経済的成果をあげた商人たちの休眠期の活動はあまり語られていない。19世紀加賀藩領内の事例ではあるが、日本海沿岸部を主活動地域として急速に船宿および海運業で資産を蓄積し、加賀藩財政にも深くかかわった銭屋五兵衛の記録によれば、藩行財政に深く関与しながらも家産を維持するための独自の対応を行っている。加賀藩では1755（宝暦5）年にはじめて銀札を発行したが、1年も持続できず停止。1819（文政2）年に再度発行を試みたが、領内商人に運用を引受させたので若干の混乱はあったが明治初年まで流通した。銭屋も引受商人の一員であったが、その際の対応と資産運用が同家「日記」から垣間見える。それによれば、銭屋は余裕資産を船、地所、道具（主に骨董）の形で保有していた。船は家業で活用するため、道具は主人の趣味のためと理解されやすいが、必ずしもそうではなかった。1837（天保8）年より田地買い入れが藩令により規制が加わると、同家の主な買い入れ品目は道具、古金に限定されるようになった。これは藩札引受業務とも関連しており、資産の多くを藩札で保有せざるを得ない状況下で、その札価下落による家産縮小を避けるべく、資産保有形態を変えたものと理解されよう。活動拠点が加賀藩領内であ

---

(29) 　以上、若林喜三郎編『年々留――銭屋五兵衛日記』法政大学出版局、1984年、「解題」12ページほか。

るため、藩府の方針に逆らうことはできず、さりとて札崩れの前歴ある加賀藩札による家産リスクから守る手立てであったわけである。

　三百数十軒も存在した大阪両替商のうちの多くが明治初年に休業・休店したが、実際に閉店に追い込まれたのは 30 〜 40 軒に過ぎず、その後営業を再開した両替商が少なくなかった。当時商人がまさに幕末激動期に経営持続をはかるうえで、一時的休店も大きな選択肢であったろう。近世東北地域を中心に多くの出店を開いた近江日野出身の商人・中井源左衛門は仙台藩はじめ領主層との取引に傾いていったためか、維新後の活動は控えめになっている。しかし、それはただちには家産が傾いたことを意味せず、社会激動期にあたりリスクを避けるためのやむをえない方法だったのではなかっただろうか。

　1734（享保 19）年にわずか 2 両の元手金で東国への行商を開始した中井源左衛門は仙台や京都等に出店を設けて営業を拡大し、1797（寛政 9）年 82 歳時に生前遺産分与を行った時点でその総額は 9 万両ほどに達していた。その後、仙台店を本拠とする本家のみの資産でも幕末期にかけて増加して 20 万両に達し、明治初年にかけて増加率はやや低下したが総額が減少することはなかった。仙台藩その他への融資と、1856（安政 3）年以降引き受けざるを得なかった仙台藩蔵元就任により、悪化する領主財政に関与することによる資産減少リスクがあるなかでの維新期の推移である。また中井家ほどの資産保有はないが、代表的近江商人のひとり外村与左衛門家では 18 世紀半ばの資産が銀百数十貫匁（金 2 千数百両）であったのが 19 世紀半ばには銀 7 千貫匁（金 11 万両）まで増やした後、幕末維新期に銀 2 千貫匁（金 2 万両）まで減らしている。同様に、18 世紀半ばから資産動向が判明する松居久左衛門家では資産銀 45 貫匁であったのが 1862（文久 2）年 5,472 貫匁（金 7 万両）まで漸増させた後、明治初年にかけて銀 4 千貫匁から 3 千貫匁以下にまで減少している。

---

(30)　江頭恒治『近江商人中井家の研究』雄山閣、1965 年、59-61 および 884 ページ。
(31)　末永國紀『近江商人の経営と理念——三方よし精神の系譜』清文堂、2023 年、175-177 ページ、および 238-239 ページ。

以上のように、近江商人の限り社会激動の幕末維新期の動向は一様ではないが、最盛期までに蓄積した資産をこの時期に大きく減らすほどの状況ではなかった。外村家と松居家が明治期に入ってから急速に資産を減らしたのは領主層への融資貸し倒れ処理のためという理由も想定され、中井家もふくめてこの期はあらたな商機をもとめて家産を保持するのが精いっぱいな、いわば休眠状況であったとみるべきであろう。

5　幕末維新期金融の連続性——むすびにかえて

　幕末開国期の内外経済発展度の格差を総体的に計測することは少なからず困難である。ただし、通説を遡れば上るほどその格差を大きく認識する傾向がある。維新期以降、わが国が急速に導入した欧米の制度や技術によって多くの分野で工業化や経済発展の成果が可視化できた戦前期ほど近代移行期の断絶性・不連続性を評価しがちであったのはやむを得ないであろう。その一方、19世紀後期のわが国を欧米以外のおなじ発展途上諸国と対比した際、先進技術等の導入が比較的スムーズに出来る地域とそうでない国とが存在していることがあきらかになってくると、それらの受容性いかんが課題となる。その受容条件で基本となるものは、やはり一定度の発展であろう。つまり、いかにすぐれた制度・技術であってもそれらを活用できる受容能力は欠かせない。こうして近年は結果として連続する要素に注目する研究成果が目立っている。

　幕末維新期の金融の連続性に関して、石井寛治はつぎのように概括している。近世で有力な両替商ほど商人金融よりも大名貸しに特化していった事例が多いため、維新動乱期の債権回収困難により破綻したイメージが強くなっている。しかし、そうした大名貸し両替商も含んで、問屋商人等を相手とする多くの有力両替商が三都間や地方との間の為替手形による代金決済ネットワークを開港期までに構築しており、くわえて幕府が外国商人の内地通商を拒否したため、輸出入商品をめぐる流通・金融の展開を促進させた。戊辰戦争や銀目停止による混乱で再起不能に陥ったり休店を余儀なくされたりした両替商もあるが、三都両替商が中心になって新政府による為替会社政策が進

められたように、多くはその後も営業を持続し、金融活動の対象も新しいタイプの商人に向けられるようになった。さらに、1876（明治9）年改正国立銀行条例制定を画期として私立銀行や銀行類似会社も多数設立され、それらへの参入や資金提供を通じて旧両替商は間接金融体制構築に貢献した[32]。

　近代移行期における新しい金融体制は以上のような在来両替商が中核となって構築されていったが、さきに近江商人のこの期の活動形態について関説したように、金融専業商人以外の在来商人の手元で休眠していた資本の存在にも注目すべきではないかと思われる。ただ、その際の資金提供は銀行を通した間接金融ではなく、直接事業を起こしたり、投資効率を自ら判断して資金を提供したりする直接金融が多かったように思われる。以下では、そうした事例のひとつの典型になるだろう摂津伊丹の酒造家・小西新右衛門（以下、小西家）を取り上げよう。

　近世初頭より伊丹で酒造業を営んでいた小西家は、17世紀末までに大坂・江戸に販売のための出店を設け、また江戸積みのための廻船業にも進出した。17世紀後半以降明治初年まで伊丹が周辺農村もふくめて近衛家領となると、伊丹郷町の行財政を他の酒造家とともにとりしきり、惣宿老を任された。維新期には大阪商法司の下部機関として小西家に伊丹御用所が設けられ、翌年にはそれに代わって通商司御用所となり、同家は兵庫・西宮を除く摂津地域の商工業や金融政策の拠点となった。とくに新政府が当面資金として全国から徴収をもくろんだ総額300万両の会計基立金のうち、小西家所管の摂津地域247家に対して6万8,500両が求められた。そのうち小西家は1万8,030両を上納し、他家にくらべて群を抜いていた[33]。

　新政府への間接的資金供与ともみられる小西家の金融活動も目立つ。秩禄公債の買い取りである。家禄奉還が集中した1875（明治8）年、同家はわずか4か月間で旧尼崎藩士族83人から総額19,275円の公債を買い取り、他に仲介者を経て旧姫路、広島、福山等の各藩士秩禄公債も手広く入手した。

---

(32)　石井『経済発展と両替商金融』278-281ページ。
(33)　賀川隆行「会計基立金と小西新右衛門」『地域研究いたみ』31号、2002年、38-48ページ。

1888年時点の兵庫県内資産家による公債保有状況を見ると、小西家は16万円余であり、当時の県知事・内海忠勝についで高額保有者であった。明治前期における小西家のこのような公債買い取り行動の要因について、『伊丹市史』は株式市場未発達な当時において、維新後の酒造業界沈滞化により遊休資本の投資対象であるとの解釈を示している。維新後も士族には一定の家禄が現金で支給されていたが、相当に減額されたとはいえ政府歳出の30%前後を占めるようになり重要政策推進を妨げていたので、その「処分」が急がれた。公債化にあたり5～14年分の家禄が支給されたので、事業を志している士族や、目前の生活に困っている中下士族にはその売却によるまとまった現金収入は魅力的であった。一方、公債額面の80%前後で公債が取得でき、年利5～7%の確実な利子収入が見込める秩禄公債は遊休資金を活用したい資産家層には好機会となったであろう。

　小西家の遊休資金活用はそれだけにとどまらなかった。国内生活の西洋化に伴ってマッチや石鹸同様に需要が拡大していたランプ口金生産にも乗り出し、産業資本家としての性格も示している。行燈・ろうそくに代わる石油ランプは電灯が普及する大正～昭和初年までの間、当初は外国製が出回り、国産の試みは明治10年代に大阪で始まった。先発の三平舎に5年遅れて小西興業場を起こした小西家は主要部品である地金の真鍮加工のため兵庫造船局からイギリス製蒸気機関の払い下げを受け、また地金の伸板機械も購入した。その後も修理のため大阪砲兵工廠の技術指導を受けたり、大阪造幣局からお雇い外国人を招いて蒸気機関の汽機（タービン）取り換えを行ったりしている。このように、当初から酒造業とはまったく異なる分野に巨額な投資を自己資本のみで事業を開始し、コストダウンに努めて国内の未使用地域への売込みと中国輸出による販路拡大をはかった。操業2年後には先発の三平舎らと協議して共同販売店を設立する程の成長を遂げ、明治末年まで代表的なランプメーカーとなっている。

---

(34)　伊丹市史編纂専門委員会（編）『伊丹市史 第3巻』伊丹市、1972年、70-72ページ。
(35)　岩橋勝「地方における近代工業生成にかんする一考察――ランプ口金・小西興業場について」『大阪大学経済学』18巻2号、1968年。

表1-5 小西新右衛門家明治37年度（明治38年6月30日現在）決算

貸借対照表

借　　方		貸　　方	
	円		円
公　　　　債	106,216.750	資　本　金	750,000.000
株　　　　券	545,038.000	積　立　金	26,000.000
土　　　　地	78,620.886	為　　　換	551.388
家　　　　屋	77,421.480	支払手形	18,474.790
東京支店資金	92,500.000	預　り　金	39,648.700
興業場資金	19,220.000	借　入　金	237,000.000
貸　附　金	90,539.123	貸家敷金	245.000
興業場貸附金	32,700.000	収支残金	102,340.365
当座預ケ金	14,071.390		
仮　勘　定	12,171.980		
37年度酒造資金	73,082.551		
約束手形	13,303.170		
買　置　品	829.065		
未　収　入　金	4,568.129		
内　事　部	6,587.303		
金　〃　銀	7,380.416		
計	1,174,250.243	計	1,174,250.243

損益計算書

収　　益		損　　費	
	円		円
株券時価差金	99,731.600	公債時価差金	3,127.075
山陽新株一部益金	1,649.800	借入金利息	17,087.200
家屋復活益金	363.200	預り金利息	3,026.218
公債利金	2,687.560	諸　　　税	5,785.309
株式配当金	25,945.695	給　　　料	4,736.000
耕地所得金	6,424.605	雑　　　給	1,543.790
貸家所得金	7,449.904	雑　　　費	876.195
貸附金利息	1,680.155	旅　　　費	315.460
雑　収　入	853.025	土木係雑費	886.201
東京支店利益金	4,568.129	土木係営繕費	832.501
酒造利益金	39,357.126	内事部経費	51,959.279
前季繰越金	1,804.794	収支残金	102,340.365
計	192,515.593	計	192,515.593

出典：岩橋勝「地方における近代工業生成にかんする一考察」52ページ、原資料は小西新右衛門氏文書、I―小西家本店65-20（現市立伊丹ミュージアム蔵）。

　松方デフレが収束し、各地でさまざまな新しい産業が勃興しつつある明治10年代末に、小西家はランプとは別に麦稈真田製造や製革事業も行っている。これらはさほどの新しい技術や設備も要しなかった分、業績が振るわなくなると操業して1、2年ないしせいぜい10年ほどで事業停止している。それほどランプ口金は創業時から相当な資本・設備を要し、小西家の相応な入れ込みが感じられる。その小西興業場には1896（明治29）年に198名もの職工が勤務し、本業で5つの酒蔵を抱えようとしていた同家酒造従事者を超える従業員数であったろう。

　小西家の他の投資活動として、明治前期では1882年創立の日本銀行の資本金1000万円のうち民間株主として第20位の400株を保有し、大阪支店監事に就任している。また、1887年のちに国鉄福知山線となる川辺馬車鉄道の設立発起人の一人となったほか、同年設立の山陽鉄道でも発起人となり、岩崎久弥や中上川彦次郎につぐ第13位の株主となった。当時の小西家資産のうちこれらへの投資活動がどれほどであったか、詳細は分からないが、後

年（1905年）の決算書によれば表1-5のように総資産117万円余の半額以上をそれらに回している。本業の酒造資金としては6％に過ぎず、ランプ口金の興業場には4％余を充てていた。資産の50％以上を公債や株式等の金融取引に充てていたのは、それほどの収益を小西家にもたらしていたからであった。損益計算書の収益を見ると、本業の酒造部門からは20％余の4万円ほどを稼ぎ得ていたのに対し、株式や公債からの利金や配当、売買益が合わせて全収益の3分の2に相当する13万円ほどにもなった。当時、伊丹酒造界は灘五郷の台頭により斜陽化の兆しを始めていたが、小西家はむしろこの期に酒蔵数を増やした後、伊丹一の造石量を維持している(36)。したがって、同家が酒造業を縮小した資金を金融部門に回した結果とも思われない。明治10年代に地方酒造家としては大資本を投じてランプ口金事業を起こしたように、近代移行期に少なくない休眠資本を保持していたことがうかがわれよう。

近代移行期関西経済がどのような推移をたどったのか、とくに幕末動乱期から、より信頼に堪える官庁統計が整備される明治10年代までの20～30年間について知ることは容易ではない。本稿ではこの期の日本経済で脚光を浴びる養蚕・製糸業＝生糸輸出の他面で、その後のわが国経済のカギを握ることになる紡績業が、なぜ東日本ではなく関西中心に展開することになったかという問題を近世経済にさかのぼって論じた。一見、直接的な結びつきはないように見えるが、大阪紡績会社のように従前と比較すれば巨額資本を要する規模の企業が関西で続出し、その要因のひとつに近世の主たる綿業展開地との関連も契機となっていたことも重視する必要がある。

近代産業ないし企業の経営や資本拠出者として、これまで華族や士族、あるいは両替商や都市商人の果たした役割を重視する向きが少なくない。しかし、それらに劣らない重要度をもって、個々には弱小だがはるかに広範に存在した休眠資本や、近世後半に関西で構築された信用システムの近代への貢献面についてもなお検討・注目の余地のあることを提言したい。例えば、国立銀行設立の地域分布において、大阪を除く西日本一帯では設立数が少なめ

(36) 伊丹市史編纂専門委員会（編）『伊丹市史』207-209ページ。

であった。これは一見、資金需要が少なかったように見える。しかし、東日本に比べて遊休資本がより潤沢であるならば銀行からの信用供与はさほど必要ではなかったであろう。近世において銀遣いの西日本や銀目手形が大量に流通した大坂ないしその周辺で、信用供与による正貨（銀貨）節約がどれほどのものであったか、きわめておおまかな推計を本稿で行ったが、幕末期にはわずか1％の正貨の存在で銀建て取引量の99％が信用取引可能な状況が垣間見えた。ただし、にもかかわらず銀目手形流通が西日本一帯に広がらなかった要因の解明についての課題は残るが、近代の東日本に比べれば信用取引の浸透による新規事業への取り組みがより容易であったろう事は指摘できよう。

第2章

総合商社住友商事の成立過程
―人材面からみた検討―

木　山　　実[*]

1　はじめに

　戦後の日本経済を流通面から支えた大手総合商社のなかで、住友商事は敗戦直後の昭和20年（1945）11月に住友土地工務を日本建設産業と改称し、新たに商事部門を設置するという形で商社業界に参入した商社である。この改称は財閥解体措置の一環で、三井・三菱・住友などの財閥商号・商標の使用ができなくなったことによるものだが、昭和26年（1951）9月にサンフランシスコ講和条約が調印され、翌27年4月に財閥商号・商標の禁止が解除されたことによって日本建設産業は同年6月に住友商事と改称する[(1)]。この時の社長は、住友土地工務が日本建設産業と改称された直後の12月に同社に常務取締役として入っていた田路舜也である[(2)]。住友商事は高度経済成長期のいわゆる「10大商社」のなかで、もっとも遅くに商社業界に参入した商社ということになる。

　ただ住友商事自身は、大正8年（1919）12月の大阪北港株式会社の設立をもって、自社の創業としている。この大阪北港株式会社は、大阪の安治川と新淀川に挟まれた大阪築港北接地域の開発と北港造成を目的とするもので、第2次世界大戦中の昭和19年（1944）11月に株式会社住友ビルデイン

---

[*]関西学院大学・商学部・教授
(1)　住友商事株式会社社史編纂室（編）『住友商事株式会社史』住友商事株式会社、1972年、193-194、322-323ページ。
(2)　住友商事株式会社（編）『田路舜也の思い出』住友商事株式会社、1963年、142ページ。

グを合併して、住友土地工務と改称する。これが上述の住友土地工務である。同社は住友土地工務と改称した翌月に、住友財閥の本社工作部から独立していた長谷部竹腰建築事務所と本社の不動産課の業務を吸収した。これが敗戦後にさらに日本建設産業と改称するのであるが(3)、その際、商事部門が新設されたのである。それまでもっぱら設計監督・不動産の業務に従事していた会社が、この時、商事部門を中心とする会社に転換したのである(4)。

　このように成立した住友商事は当初、住友金属工業、住友電工、住友機械工業など住友グループ系企業の製品取扱いを中心的業務とし、世間からは「鉄鋼商社」、「金ヘン商社」として認識されていたが、昭和24年（1949）には繊維部、昭和26年には本店肥糧部、東京肥糧化成品部を新設するなど、取扱品の総合化をはかったことで取扱品の多様化が進んで取扱高は拡大し、昭和31年（1956）頃には大手商社20社に食い込んだ(5)。表2-1は貿易額でみた大手商社のランキングだが、住友商事は昭和33年（1958）にはまだ10大商社に入っていなかったが、昭和38年以降は10大商社に食い込んでいることが確認できる。

　総合商社は日本特有の企業であり、その取扱品と取引地域はともに多様化しており、取扱品や取引地域を特化（専門化）した専門商社と対になる概念である。取引地域の多様性というのは、世界中のあらゆる地域と取引を行うということにとどまらず、国内外に支店・出張所・現地法人などの店舗網を設け、それらの店舗に自社の社員（日本人社員）を派遣し、支店長や支配人といった店舗のトップに充てて取引を遂行するものである。海外店舗で現地人を雇用することがあっても、そのような現地社員を店舗トップに充てることはなく、あくまで海外店舗で日本人の支店長・支配人のもとで勤務させたのである(6)。

(3)　住友商事株式会社社史編纂室（編）『住友商事株式会社社史』25ページ。
(4)　住友商事株式会社社史編纂室（編）『住友商事株式会社社史』182ページ。
(5)　住友商事株式会社総務本部社史担当（編）『住友商事の歩み』住友商事株式会社、1985年、47ページ、55ページ、74ページ、76ページ。
(6)　近年、三井物産がインドの現地法人トップに現地人を任命するケースなども出てきているが、歴史的には海外店舗トップには日本人社員を充ててきたといえるであろう。

表2-1　貿易集中度の推移　　　　　　　　　　　　　　　　（％）

昭和26年（1951）		昭和33年（1958）		昭和38年（1963）		昭和48年（1973）	
伊藤忠商事	4.7	三菱商事	9.9	三菱商事	12.3	三菱商事	12.4
日綿	4.3	三井物産	8.1	三井物産	10.1	三井物産	11.1
東棉	4.0	丸紅飯田	6.9	丸紅	7.5	丸紅	7.3
丸紅	4.0	日綿	6.0	伊藤忠商事	7.2	伊藤忠商事	7.0
兼松	3.1	伊藤忠商事	5.4	日綿	4.2	日商	5.7
江商	3.0	東棉	3.9	東棉	3.9	住友商事	5.2
第一物産	2.2	日商	3.0	日商	3.8	トーメン	2.7
岩井	2.0	兼松	2.9	兼松	2.9	日綿	2.4
日商	1.9	江商	2.5	住友商事	2.8	兼松	3.0
高島屋飯田	1.3	木下産商	2.0	安宅産業	1.9	安宅産業	2.0
その他	48.3	その他	49.4	その他	43.4	その他	41.0

（出所）大木保男『総合商社と世界経済』東京大学出版会、1975年、39ページ。

　このような特徴を有する日本の総合商社は、明治初期に開業した三井物産がまず明治半ばにこのような体制の基礎を整え、その後、明治末期に向けて巨大化していき、日本の貿易業界および財界に君臨していった[7]。そして三菱合資会社営業部や鈴木商店などは、三井物産をモデルとして総合化路線をとった。戦前の日本にはもっぱら繊維類を扱う繊維商社やもっぱら鉄鋼類を扱う鉄鋼商社という専門商社もみられたが、それらの専門商社は第2次世界大戦後に総合商社化路線をとり、高度経済成長期には10大商社が日本経済に君臨することになる[8]。

　本章の課題は、このような商社史のなかで、もっとも遅く、戦後に商社業界に参入した住友商事に焦点を当て、同社が戦後に開業した後、早急に総合化路線をとる過程で、そこで必要とされる人材面での必要性をどのように解決したのかを検討することである。後述するが住友では明治前期から一時的

---

(7)　木山実『近代日本と三井物産』ミネルヴァ書房、2009年。
(8)　大森一宏・大島久幸・木山実（編）『総合商社の歴史（第5刷）』関西学院大学出版会、2018年。昭和52年（1977）には安宅産業が伊藤忠商事に合併され、これ以後は9大商社体制となる。

に貿易業に参入し、明治後期にも貿易業への参入を試みたことがあった。また大正期には、住友財閥内の生産部門が製造する製品類を販売する販売機構も着々と整備された。このような過程で培われたスキルは、戦後に成立する住友商事に活かされたのであろうか。人材面に注目して以下、検討を進めていくことにしよう。

2　明治前期の海外貿易事業

　16世紀末以来の長い歴史をもつ住友家事業では、産銅業開始後、幕府からの保護を受けて長崎からの銅輸出に関与し、さらに糸類・織物・薬種・砂糖・鉱物などの輸入にも従事して、それらを上方（京都・大坂・堺）、長崎、江戸などで販売したというが(9)、それはあくまで、いわゆる"鎖国"体制下での貿易であり、住友が海外に出て行って貿易活動をするというものではない。

　明治に入ってからの住友は総理人広瀬宰平の指揮の下、まずは朝鮮との貿易に乗り出した。それは明治9年（1876）に日朝修好条規が結ばれたことが契機であり、住友は翌10年に銅販売のために要員を朝鮮に渡航させ、11年に釜山に、次いで13年には元山にも支店を設けた。銅のほか繊維製品の金巾・寒冷紗なども輸出し、米・雑穀・砂金などを朝鮮から輸入した。「大阪朝日新聞」は明治12年（1879）6月末の記事で、住友が釜山に設けた支店を「売薬支店」と称し、朝鮮での売薬が活況を呈していたことを伝えている(10)。

　住友が朝鮮に派遣した人員については、「大阪朝日新聞」は明治13年1月に「此度住友氏は朝鮮の支店を愈々盛大ならしめんとて同店の加川勝美氏を出張させらる、と」と報じている(11)。また翌14年には朝鮮の商況調査のために久保盛明を現地に派遣し、同年6月には朝鮮語修得のため留学生2名を送

---

(9)　住友商事株式会社総務本部社史担当（編）『住友商事の歩み』9-22ページ。
(10)　「大阪朝日新聞」明治12年（1879）6月26日、2面最下段。
(11)　「大阪朝日新聞」明治13年（1880）1月10日、1面最下段。

り込んだという[12]。

　ここで名があがった加川勝美は、大蔵省と内務省に勤務歴のある官吏出身で、明治12年（1879）3月に住友入りして大阪本店補助となっていた人物である[13]。もう一方の久保盛明は、この時期の住友トップの広瀬宰平の甥であり、明治9年には住友本店で勤務していた[14]。

　住友は朝鮮貿易に新造船を加えた専用船2隻を投入するなど、かなり積極的な姿勢をみせたが、当時の朝鮮の商権は清国人に握られて見通しも暗かったため、明治16年（1883）に釜山・元山の両支店を閉鎖した[15]。これ以後、広瀬宰平のあとを継いだ総理事伊庭貞剛は、銅関連の事業に重点を置いたので、住友が海外に店舗や人員を出して行なう貿易活動は一時中断したようである。上記の加川勝美は明治15年（1882）に本店支配人となった後、明治19年には住友を辞しているし、また久保盛明は住友の本丸ともいうべき別子銅山の支配人なども務めるが、明治27年には住友を辞している[16]。住友は朝鮮貿易では貿易に関するスキルを蓄積する前には撤退したようであり、次の世代にもほとんど何も継承されなかったとみられる。

　ただ朝鮮貿易以外に住友は三井物産などの商社に委託する形で、銅の国内外での販売を行なっていた。三井物産の業務日誌である「日記」の明治10年（1877）6月29日の条には、以下のような記載がみられる[17]。

一大坂住友極上丁銅何程ニ而も百斤ニ付九拾四円三拾銭ニ而三十日間ナレハ
　約定可取結段、横須賀造船局ニ可申出義坪内ニ申越ス、此分今朝郷氏江益

―――――――――――
(12)　作道洋太郎（編）『住友財閥』日本経済新聞社、1982年、101ページ。
(13)　住友金属鉱山株式会社・住友別子鉱山史編集委員会『住友別子鉱山史　上巻』住友金属鉱山株式会社、1991年、370ページ；末岡照啓「近代住友の企業統治と総理事」下谷政弘［監修］・住友史料館［編］『住友近代史の研究』ミネルヴァ書房、2020年、8ページ、表1-1の右側。
(14)　作道『住友財閥』124ページ；末岡「近代住友の企業統治と総理事」8ページ、表1-1の右側。
(15)　住友商事株式会社総務本部社史担当（編）『住友商事の歩み』25-27ページ。
(16)　末岡「近代住友の企業統治と総理事」8ページ、表1-1の右側。
(17)　三井文庫所蔵史料「日記」第3号（物産3）。

田より談示済

百斤　大坂渡 23,200 位
運賃　　150
23,350

　住友の銅販売店は、明治4年（1871）に神戸に設置されていたが、上の記載からは住友では大阪の本店でも銅の販売をしていたことが知られる。上で「横須賀造船局」とあるのは海軍管轄のもので、この頃、住友はまだ関東方面に販売拠点を持っていなかったので、横須賀造船所への販売は三井物産に委託したのであろう。三井物産は住友銅の国内販売だけでなく、海外輸出にも関与していた。同じ三井物産「日記」[19]に拠ってみてみよう。

（明治12年2月20日の条）
一香港ヨリ住友銅弐十弗壱分五リより不売趣申来候間国債局へ書出候事
（同年6月15日の条）
一香港江電信ス貸金取立如何住友丁銅一条
（同年11月28日の条）
一住友丁銅八万斤神戸より三菱汽船積三十銭宛ニ而香港支店へ送リ方之儀大坂へ電信ス

　三井物産が住友銅の香港向け輸出を委託されていたことが示されているが、そこには大蔵省国債局も関係していたことが示唆されている（上記2月20日の記載）。またその銅輸出は、「八万斤」（約48トン）にも及ぶものであり（11月28日の記載）、なかなかの量である。そもそも三井物産創業期のその海外店舗はいずれも明治政府の貿易政策に組み込まれる形で設置されたもので、明治11年（1878）設置の香港店も「銀銅貨の商売」が主目的であった

---

(18)　麻島昭一「両大戦間における住友財閥の販売部門」『専修経営学論集』第26号、24ページ。
(19)　三井文庫所蔵史料「日記」第6号、第7号（物産6、物産7）。

とされている。これ以後も明治13年2月中に住友銅を取扱った記録があるが、2月25日の香港向け取扱いの記録[21]以後は、「日記」では住友銅を扱ったという記録は途絶える。三井物産の香港店は明治14年4月にいったん閉鎖されるので、香港への銅輸出がなくなるのもこの閉鎖と関係しているのかもしれない。ただ「日記」の明治13年5月14日の条には、住友の当主吉左衛門（12代目友親）から三井物産社長益田孝、副社長木村正幹が料亭に招待されたという記録[22]があり、住友と三井物産の関係は維持されていたようである。[23]

3　明治後期の貿易業参入の試み

広瀬宰平の後を継いで伊庭貞剛が理事・総理事[24]を務めた時代の住友は、主力であった別子銅山の産銅量が順調に増加し、本格的な多角化が進められた。最も重要な多角化は銀行業への参入であろう。住友銀行は明治28年（1895）11月に開業している。この開業時に伊庭はまだ別子銅山の支配人であったが、広瀬宰平が前年の27年11月に引退していて、広瀬が就いていた総理人は空席であった。伊庭は明治29年10月に別子の支配人と兼任で理事になり、広瀬の後継者として住友で君臨していくことになるが、理事就任の前年28年5月に尾道で開催された第1回重役会議で銀行設立が決定された。[25]

住友では江戸時代からすでに両替業を営んでおり、また明治初期にはそ

---

(20)　木山『近代日本と三井物産』75ページ。
(21)　三井文庫所蔵史料「日記」第7号（物産7）、2月18日・25日の条。
(22)　三井文庫所蔵史料「日記」第8号（物産8）。ただし史料では「住友吉右衛門」と誤記されている。
(23)　やや後のことだが、住友吉左衛門（12代友親）の二女楢光は三井・永坂町家8代当主で三井物産監査役も務めた三井高泰（守之助）に嫁いだ。三井広報委員会ホームページ「啓明学園」の項（https://www.mitsuipr.com/sights/historic-places/05/）参照。
(24)　住友では明治29年（1896）に家法で総理人を総理事と改称した（末岡「近代住友の企業統治と総理事」10ページ）。
(25)　末岡「近代住友の企業統治と総理事」7ページ。

れまでに蓄積した資金を担保をとって貸し付ける「並合業」という金融業務には従事していたが、この並合業の貸付残高を引き継ぐ形で、明治28年（1895）の住友銀行新設となった。

　住友銀行は当初、大阪の本店と大阪川口、神戸、兵庫、尾道に支店を置いたが、明治32年（1899）にかけて、北九州の若松、広島、呉、新居浜、門司にも店舗網を拡大した。また明治31年には外国為替業務を開始したが、それは海外移住者の郷里への送金業務に従事することを目的としていた。上述したように住友銀行は開業当初から広島県に3店、福岡県に3店を有したが、この両県は明治初期からハワイや北米の太平洋沿岸地域に多くの移住者を送り込んでいた。そこで住友銀行は、まずはこれらの海外移住者の日本の故郷への送金業務に着眼し、これへの参入をきっかけに海外業務への進出をはかろうとしたのである。そして明治30年代に入って住友銀行では、海外の金融業務調査のために自社の行員を次々と派遣したが、これについて住友銀行の社史では次のように記している。

　　明治30年、銀行貸付課長の吉田真一が住友吉左衛門に随行した。31年、33年に植野繁太郎と田辺貞吉がそれぞれ欧米に出張した。34年に森三郎が銀行事務研究のため一年間英国に留学した。38年に外国為替事務研究のため大隅行一、加賀覚次郎が欧米に出張した。（下線部筆者）

ここで注目したいのは、上記の引用でアンダーラインを付した部分である。ここに登場する森三郎は明治30年（1897）に東京高商（現、一橋大学）を卒業した人物で、彼は卒業後、住友銀行に入行したことは東京高商の「学校

---

(26)　佐藤秀昭「明治期住友の並合業」下谷政弘［監修］・住友史料館［編］『住友近代史の研究』ミネルヴァ書房、2020年、200ページ；安国良一「明治期の住友銀行と銀行組合」下谷政弘［監修］・住友史料館［編］『住友近代史の研究』ミネルヴァ書房、2020年、230ページ。
(27)　住友銀行史編纂委員会（編）『住友銀行百年史』住友銀行、1998年、102ページ。年を表す数字は算用数字に改めて表記した。

一覧」で確認できる。そして明治33-34年版の「学校一覧」では、勤務先欄には「海外留学　米国」と書かれており、さらに明治35-36年版の「学校一覧」では森三郎の勤務先は再び住友銀行となっている。このような「学校一覧」の記載から、森三郎は住友銀行から「米国」に派遣されたとみられるのだが、上でみた住友銀行社史での「銀行事務研究のため一年間英国に」派遣されたという記載と、まず渡航先で食い違いがみられるのである。

　筆者は近年、「海外実業練習生」制度について研究を進めてきたが、この制度に関する史料でも森三郎が登場する。「海外実業練習生」制度とは、日本の産業振興のために農商務省が明治29年（1896）に設けたものである。海外の工業や商業などさまざまな事業で実地に練習（研修）したいと希望する練習生を農商務省が選抜し、選抜された練習生に渡航費や現地での研修費・滞在費などの一部を補助金として支給するものである。農商務省では練習生として選抜した人物について、その練習地（渡航先）や練習科目（研修内容）、補助金の支給期間などをリスト化した『海外実業練習生一覧』という冊子を毎年発行したが、その練習生のリストに森三郎の名前を見出すことができる。森三郎の練習地は「米国・紐育」で、補助金支給期間は明治33年（1900）6月から35年9月までである。これらの情報は、上でみたような「学校一覧」での森三郎に関する記載とほぼ合致しているが、『海外実業練習生一覧』に記載された森三郎の練習科目は「銅販売業」となっている。

---

(28)　『高等商業学校一覧（明治31-32年）』132ページ。
(29)　『高等商業学校一覧（明治33-34年）』106ページ。
(30)　『東京高等商業学校一覧（明治35-36年）』117ページ。現在の一橋大学は明治20年（1887）以降、高等商業学校という名称であったが、神戸に官立の第二高商が設置されたのに伴い、明治35年（1902）に東京高等商業学校と改称した。
(31)　木山実「［資料］「海外実業練習生終了者氏名」および「海外実業練習生採用規定」（農商務省商工局『海外実業練習生一覧』〈大正2年12月1日現在〉所収）」『商学論究』第65巻第4号、2018年、47ページ。
(32)　『海外実業練習生一覧』は発行年によって体裁が異なるが、森三郎に関する記載内容については、さしあたり農商務省商務局（編）『海外実業練習生一覧（大正3年)』農商務省商務局、23ページを参照。

海外実業練習生の海外渡航は、①その練習生が所属する企業などの組織が海外に派遣するケースと、②特に企業などの組織には属さない練習生が自身の海外留学資金の足しにこの制度を利用するケースに大別できるが、森三郎は住友銀行に属していたので、①のケースに当たるとみられる。

　練習生は選考に際して、練習科目を書いて農商務省に出願する必要があった。森三郎は「銅販売業」の練習のためにニューヨークに渡航したいと願書に記して出願したということになるが、これは森が属した住友銀行の意向でもあったはずである。つまり住友銀行は、住友の産銅量が当時順調に増加していたことを背景に、その海外輸出の可能性を探ろうとして森三郎をニューヨークへ派遣したと考えられる。それならば上で示した住友銀行社史の記述、すなわち住友銀行は森三郎を「銀行事務研究のため一年間英国に」派遣したという記述は果たして誤っているのであろうか。明治末から毎年のように発行された『海外実業練習生一覧』を読み解くと、農商務省からの補助支給期間内に、実際には欧米諸国の複数の国をまわって練習（研修・留学）しているにもかかわらず、『海外実業練習生一覧』では、そのうちの一ヶ国とか二ヶ国のみで練習したかのように届けているケースが散見される。このことを鑑みれば、森三郎もおそらくは最初の渡航先であるアメリカには「銅販売業」の練習のために渡航してそこで一年ほど滞在し、続いて住友銀行社史が記すように、森三郎は残りの期間はアメリカから英国に渡って、そこで銀行事務を研究したのだと考えられる。

　ここまでやや冗長な議論になってしまったが、要は住友は自社の産銅量が増えるなかで、その海外輸出の可能性を探るべく森三郎をニューヨークに派遣したということが指摘できるのである。ちなみに森三郎への農商務省の補助期間の少し前の明治33年（1900）3月に、住友の神戸支店商務係で勤務していた小倉正恆は、3年間「商務研究のため」欧米諸国へ出張するよう住友から命じられている[33]。小倉正恆は後の昭和5年（1930）に住友総理事に就任する人だが、この明治33年での出張命令は、産銅量が増加しつつあっ

---

(33)　小倉正恆伝記編纂委員会（編）『小倉正恆』小倉正恆伝記編纂委員会、1965年、109ページ。

た住友銅の市況、販売ルートなどの調査に当たることが主目的だったようであり、小倉はこの命を受けてイギリスのロンドンに滞在した。滞在中に商事実地見習いのために現地の金属商バウンティ・アンド・クレーガー商会に入る手はずを付けようとしたが、結局この話は不調に終わった。小倉はニューヨークからロンドンに回ってきた森三郎とも交流したという[34]。このような森三郎や小倉正恆の海外派遣の事例から、この時期に住友は銅輸出業参入の可能性を探っていたと考えられる。

　森三郎は小倉より先に帰国し、住友銀行本店調査部に務め、明治36年（1903）の春に東京支店へ移って支配人代理となったが、それから半年ほどで住友を去り、東虎二郎商店に移籍した[35]。森三郎や小倉正恆が獲得した可能性のある銅輸出のためのスキルは、住友ではほとんど活かされなかったのではないかと考えられる。

4　大正・昭和初期の販売機構整備
(1) 中国への店舗展開

　住友は上述の伊庭貞剛が理事・総理事を務めた時期（明治29年～37年）、および伊庭の後に鈴木馬左也が総理事となっていた時期（明治37年以後）に精力的に多角化を進めた。それは銅精錬業を中心とするもので、明治30年（1897）には日本製銅の工場を譲り受けて伸銅場を開設し、明治34年（1901）には日本鋳鋼場を買収して製鋼業へ進出した。明治44年には伸銅場から電線部門を分離して電線製造所を独立させ、また精錬事業から出る

---

(34) 小倉正恆伝記編纂委員会（編）『小倉正恆』113ページ、116ページ、120ページ。なおこの伝記『小倉正恆』は、森三郎が農商務省の海外実業練習生としてニューヨークに「銅販売業」の練習のために渡航したことは認識していない。

(35) 小倉正恆伝記編纂委員会（編）『小倉正恆』120ページ；『東京高等商業学校一覧（明治37-38年）』130ページ。森三郎は米英国から帰国した後、実業練習生の補助金を支給した農商務省に、帰国後の職業を「住友鋳鋼場員」と届け出ていた（農商務省商務局（編）『海外実業練習生一覧（明治42年）』ならびに農商務省商務局（編）『海外実業練習生一覧（明治44年）』を参照。『海外実業練習生一覧（明治42年）』は愛知県公文書館所蔵「県庁文書」、『海外実業練習生一覧（明治44年）』は早稲田大学図書館所蔵。

表2-2 在中国販売店設置当初の人員

上海：大正6年（1917）4月

職位	氏名	出身校（卒年）	原籍
支配人	笠原正吉	ハーバード大	新潟
支配人代理者	松村松次郎	東京高商（明41）	東京
商事係兼庶務係	小島善訓	山口高商（大2）	石川
商事係	田口幸作	東亜同文書院（大4）	北海道
庶務係	源間保三	東京高商（明45）	東京

漢口：大正6年（1917）4月

職位	氏名	出身校（卒年）	原籍
支配人	松島準吉	東京高商（明37）	三重
支配人代理者兼商事係	水野鶲之助	東京帝大・法律（明44）	大阪
商事係兼庶務係	久保田定二	山口高商（明43）	岡山
〃	木村勇喜知	東亜同文書院（大5）	福岡

天津：大正7年（1918）5月

職位	氏名	出身校（卒年）	原籍
支配人	阪本信一	東京帝大・政治（明45）	大阪
臨時支配人代理兼商事係	加納貫三	神戸高商（大2）	岐阜
臨時支配人代理	湊才次郎	東京高商（大3）	茨城
商事係兼庶務係	大西基重	東亜同文書院（大4）	奈良
庶務係	馬場武一	東京帝大・法律（大6）	東京
〃	吉田勝雄		

（資料）職位と氏名欄は『住友職員録』（各年版：個人蔵）、出身校と原籍欄は各校の学校一覧や卒業生名簿などによる。上海の笠原正吉は『人事興信録（9版）』1931年、カの53ページによる。

亜硫酸ガスを利用して硫酸・肥料を製造するための肥料製造所を大正2年（1913）に発足させた。[36]また別子銅山の精錬用燃料確保という目的で、明治26年（1893）以降は炭坑業にも進出していた。[37]住友ではこのように多角化して生産される物品を販売する機構を整備する必要があったため、大正2年（1913）に東京と呉に販売店を開設したのを端緒として、横須賀、博多にも

---

(36) 住友商事株式会社総務本部社史担当（編）『住友商事の歩み』27ページ。
(37) 作道『住友財閥』136ページ。

販売店を設け、明治初期に神戸に設置していた販売店を大正8年（1919）に大阪に移転した。住友はこれら国内店の他に大正5年（1916）以降、中国の上海・漢口・天津に店舗を出して、それぞれ住友洋行の名称で住友の生産品を販売した。⁽³⁸⁾住友は明治初期に朝鮮貿易に従事した時以来、約40年ぶりに海外貿易のための店舗を出したのである。

表2-2は中国のこれら3店舗が設置された当初の人員を示したものだが、上海の支配人は最初はアメリカのハーバード大学出身の笠原正吉であったが、この翌年の大正7年（1918）には、表2-2の上海で「支配人代理者」となっている東京高商出身の松村松次郎が支配人に昇格している。また漢口開設時の支配人は東京高商出身の松原準吉であったが、翌年の大正7年には表2-2の漢口で「支配人代理者兼商務係」となっていた東京帝大（法科）出身の水野鷸之助が支配人に昇格している。また天津は東京帝大（法科）出身の阪本信一を支配人としてスタートした。このように住友が中国へ店舗展開をはかった当初は、エリート校出身者が支配人となって店舗設置が進められたといえる。住友は大阪に拠点を置く財閥であったが、中国展開に際しては地元の神戸高商や大阪高商の出身者への依存度はそれほど高くなかったということになる。また表2-2に載っている人員の原籍（本籍地）をみると、それは日本各地に散らばっている。本籍地と出身地はほぼ相関すると考えれば、住友は国内さまざまな地域の出身者を採用していたとみられる。

同じく関西に拠点を置いた商社である高島屋（飯田）や伊藤忠が海外展開をはかった際と比較してみると、高島屋・飯田家や伊藤忠・伊藤家の本宅があった京都や滋賀近在の出身者を採用して海外に派遣したし、貿易商社各社が精力的に採用した東京高商出身者を採用したきっかけも、高島屋の場合は京都出身で東京高商に進学した竹田量之助をスカウトしたのが最初であり、伊藤忠の場合は伊藤家に養子入りして2代目伊藤忠兵衛を支えた伊藤竹之助が幼なじみで東京高商に進学した井上富三を招き入れたのが最初である。これらの両社では発展の初発の段階では、地縁的なつながりに依拠しての人材

---

(38) 麻島「両大戦間における住友財閥の販売部門」23-25ページ。

確保がきわめて重要であったといえる。一方、住友の場合は明治期から推し進められてきた多角化ならびに大規模化の効果が出て、明治末までには国内では住友ブランドがかなり浸透していたとみられ、地縁によってではなく全国から吸引された人材を海外展開時にも投入できたと考えられる。

表2-2では、出身校の不明な天津勤務の吉田勝雄を除けば、全員が高等教育機関の出身者である。ただ大正7年（1918）の上海には大正5年（1916）に福岡の久留米商業学校を卒業して住友入りした黒岩六郎が充当され、大正10年（1921）の漢口にはおそらく高等教育機関は出ていない谷中敏治が充てられているので、住友の中国の店舗で勤務した人すべてが高等教育機関出身者だったわけではない。

また表2-2からは、3店舗とも開設当初は東亜同文書院の出身者が充当されていたことがわかる。東亜同文書院は、清国上海に日本人の根津一や荒尾精らが設けた日清貿易研究所を母体に、日清間の架け橋となるような人材の育成を目指して明治34年（1901）に設けられた学校であり、ここでは主に大陸への雄飛を志す日本人青年が学び、みっちりと中国語を叩き込まれたことで知られる。上海店の支配人は上述の2代目・松村松次郎の次に大正10年（1921）には東亜同文書院出身（明治40年卒）の福田千代作が就いている。福田はもともと高田商会で勤務していたが住友に移ったのであり、昭和7年（1932）まで長らく同店の支配人であり続けた。また支配人ではないが、表2-2に名前のある人以外にも河村武、川井昌二、平林正幹、田中鞀治

---

(39) 木山実「高島屋の貿易業参入過程における人材形成－貿易商社"高島屋飯田"創設前史－」『商学論究』第64巻　第3号、2017年；木山実「明治大正期「伊藤忠」の海外展開における要員」関西大学経済・政治研究所『研究双書』第178冊、2023年。

(40) ダイヤモンド社（編）『ポケット会社職員録（昭和18年版）』ダイヤモンド社、949ページ、に黒岩六郎が住友生命保全部保全課長として掲載されている。

(41) 満蒙資料協会（編）『満洲紳士録（第3版）』満蒙資料協会、1940年、1760ページ。他の人物紹介ではたいてい学歴の紹介があるが、この人物についてはその記載がない。

(42) 大学史編纂委員会（編）『東亜同文書院大学史』滬友会。

(43) 大学史編纂委員会（編）『東亜同文書院大学史』309ページ。

郎、中富貫之といった東亜同文書院出身者が続々と中国の各店に充当されている。

　住友に先駆けて明治後半期に中国の漢口・上海・香港に店舗を出した三菱も、三菱の産する石炭や同じ三菱財閥系の麒麟麦酒製品などを中国に売り込んでおり、これが後の三菱商事となるが、これらの三菱の店舗では各店では中国語を操れる人員として、東京外語学校清語科や明治37年（1904）に第1期卒業生を輩出しはじめた東亜同文書院の出身者が送り込まれた。(44) 三菱に15年ほど遅れて中国市場に店舗展開した住友でも、漢口に派遣された脇阪小一郎という東京外語学校支那語学科の卒業生がいたが、中国語話者としては、主に東亜同文書院の出身者に依存したといえよう。(45) 住友と東亜同文書院との関係は極めて強く、東亜同文書院の大正14年（1925）入学の第25期の時から書院に住友から派遣生を送る制度ができた。これにより住友銀行と住友の本社が交代で社員を選抜し、毎年一名を同文書院に送ったという。(46)

　これら中国3店舗の経営は商況不振などのために芳しいものではなく、漢口が大正10年（1921）10月に、天津が大正13年（1924）6月末に撤退し、上海だけが残された。残された上海も安泰だったわけではなく、採算的には連年赤字が続いた。(47) 残された上海店に昭和7年（1932）10月に支配人として赴任したのは、後の住友商事初代社長となる田路舜也であった。(48)

(2) 販売機構の整備と商社設立計画　―住友の"プラザ合意"―

　上述したような国内外の販売店の他に、住友には電線製造所のような各生

---

(44)　大島久幸・木山実「明治・大正期三菱合資会社営業部における海外店舗人材形成－三菱商事成立前史－」『三菱史料館論集』第24号、2023年、74-82ページ。
(45)　先発商社で貿易業界の雄であった三井物産の在中国支店には、大正期には東亜同文書院の出身者が大量に充当されていた（大島久幸・木山実「明治後期から大正期にかけての三井物産職員―1902年「使用人録」と1916年「店別使用人録」の分析―」若林幸男（編）『学歴と格差の経営史』日本経済評論社、2018年、57-59ページ）。
(46)　大学史編纂委員会（編）『東亜同文書院大学史』309ページ。なお同書の309-310ページには、本文で名前をあげた住友の在中国の3店に派遣された者以外に、東亜同文書院出身で住友入りした人の名が26名あげられている。
(47)　麻島「両大戦間における住友財閥の販売部門」25-26ページ。
(48)　住友商事株式会社（編）『田路舜也の思い出』142ページ。

産部門で販売係、商事係、営業部、商務部などの名称で販売担当者が在籍していた。(49)このように住友では販売機構が整備されていったが、これに基づいて、大正期に商社が設けられようとしたことがある。

　大正3年（1914）7月末に起こった第一次世界大戦の影響で日本に到来した異常な好景気、いわゆる大戦景気のなか、諸財閥は次々と商社を設けた。この商社ブームは、単に商社を設立するということではなく、当時財界・貿易業界に君臨した総合商社の三井物産をモデルに、各社が総合商社化しようとしたことに特徴があった。この時の商社創設および総合商社化はだいたい2つのパターンに分けられる。すなわち、①財閥内の販売機構が分社化して総合商社化するケース、②売込商・引取商からスタートした貿易商社が総合商社化するケースである。

　①の典型例は、大正6年（1917）に古河合名会社傘下の営業部を独立させて設けた古河商事、翌7年（1918）に三菱合資会社傘下の営業部を独立させて三菱商事を設立したケースである。一方、②の典型例は、明治初期から神戸で砂糖の引取商をしていた鈴木商店が砂糖以外に樟脳などにも取扱品を拡げ、大正期のブーム期に総合商社化して三井物産を猛追したケースや、幕末開港期から横浜で生糸売込商を営んだ茂木惣兵衛に起源をもつ茂木商店がこの時期、急拡大したケースである。(50)

　このような商社ブームに乗じて、住友でもそれまでに整備されていた上述の販売機構に基づいて商社を設けようとする動きが起こった。これは商社設立のパターンでいうと、上述の①のケースにあたるが、この住友での商社設立案は、外遊に出ていた総理事鈴木馬左也の決裁を待つだけというところまで話が進められた。ところが大正8年（1919）にニューヨークから帰ってきた総理事の鈴木は、この商社設立案を認めなかったのである。

　鈴木馬左也が商社計画に反対したのには、すでに欧米に展開していた住友銀行のニューヨーク支店に勤務していた大島堅造の進言が大きく影響してい

---

(49)　麻島「両大戦間における住友財閥の販売部門」23-31ページ。
(50)　商社ブームについては、さしあたり大森・大島・木山（編）『総合商社の歴史』第4章、を参照されたい。

た。大正8年(1919)の春にニューヨークを訪れた鈴木馬左也は、銀行員の大島堅造を同市5番街のプラザホテル[52]に呼び出し、住友内部で進められている商社設立計画について意見を求めたという。この時のことを大島は手記で次のように書いている。

> 第一次大戦当時、東京の某財閥をはじめ、十指を数える商社が新たに設立され、ニューヨークに支店を設けたが、どこも皆うまくいかないのを私は銀行家の立場から知っていた。三井物産の先輩に聞いてみると、その原因は経験者がいないからだとのことであった。その話では、三井物産では当時すでに設立五十年を超え、幾多の人材、経験者がいるが、それでも時に大失敗をすることがある。貿易というものは傍で考えるように、なまやさしいものではないといった。私も至極同感であった。たまたま鈴木総理事から話が出たから、「住友が商事会社を設立することはおやめになるがよいと考えます」と理由を詳しく述べて答えた。鈴木さんもはじめから同じ考えであったとみえ、帰朝後断固として取りやめを決められた。その際、一理事が社員の意向を代表して、設立の必要を述べたところ、「あなたまでそんな考えですか。辞表をお出しなさい」といわれ、理事は閉口して引き下がったとは、私がご当人から直接聞いた話だ。[53]

大島堅造は東京高商の卒業生であるが、同校の卒業生は貿易業界の雄たる三井物産に毎年大量に採用され、またその海外店舗に多数派遣されていた。[54]上で大島が三井物産の先輩から話を聞いたと書いているのも、このような学校縁(学閥)があればこそ可能なのであり、ニューヨークのような海外都市

---

(51) 森川英正『財閥の経営史的研究』東洋経済新報社、1980年、123-125ページ。
(52) 後の昭和60年(1985)9月に先進5か国(日米英仏西ドイツ)の蔵相・中央銀行総裁会議が開かれ、米ドルに対して各国の通貨価値を切り上げることが合意された。いわゆる"プラザ合意"がなされた会場である。
(53) 大島堅造『一銀行家の回想』図書出版社、1990年、30-31ページ。
(54) 大島・木山「明治後期から大正期にかけての三井物産職員」。

でも、会社という枠を超えて学校縁によって情報交換がなされていたことがうかがい知られる。そして大島の進言もあって、総理事鈴木馬左也は商社設立に最終的に反対の意思を固めたというのである。

　鈴木の鶴の一声によって、住友での商社設立は見送られたが、住友の国内外の販売店、および各生産部門が有した販売担当者の人員は、昭和初期の戦時体制に向けて増員がはかられ、昭和13年（1938）時点で国内外販売店の人員は149人、生産部門の方は180人台にまで急増した。[55]

5　住友商事の総合商社化

　本章の冒頭で述べたように、敗戦後、住友では建設・不動産の会社を商社に改変する形で住友商事が誕生した。前節でみたように、敗戦時までに住友では販売店や各生産部門に販売担当者を置く形で販売機構が整備されていたので、そこで培われたスキルが住友商事にも活かされたとみられる。

　昭和27年（1952）6月25日発行の『ダイヤモンド会社職員録』1952年版[56]には、同年6月に日本建設産業から住友商事と社名変更した直後の同社の重役陣と課長級以上の人員96名が掲載されている。同年9月に同社には男性727名、女性363名が在籍していたが[57]、『ダイヤモンド会社職員録』には男性の名前のみが掲載されているから、この頃に在籍した男性700名余のうち、約7分の1ほどが掲載されているとみられる。

　この『ダイヤモンド会社職員録』には氏名のほか、生年、出身地、出身校と卒年、住友への入社年などが掲載されているが、住友商事の重役と課長級以上職員96名の出身校は東京大学が最多で21名を数える。東京大に次ぐのは京都大5名、大阪商大（高商）4名、慶応大4名、早稲田大4名、神戸商大（高商）3名などであり、東京大が圧倒的に多い。全員が高等教育機関出身というわけではなく、課長級には中学や商業学校出の人もいる。

---

(55)　麻島「両大戦間における住友財閥の販売部門」29-30ページ。
(56)　ダイヤモンド社・加藤一『ダイヤモンド会社職員録（1952年版）』ダイヤモンド社、1952年、489-491ページ。
(57)　住友商事株式会社社史編纂室（編）『住友商事株式会社史』807ページ以降の「資料」の中の「在籍人員表」。

表2-3 昭和27年（1952）の住友商事重役陣・商品名を冠した部の部長・海外駐在員

番号	職位	氏名	生年	出身校（卒年）	入社年
1	社長	田路 舜也	明治26	東大（大正9）	大正9
2	常務	瀬山 誠五郎	明治33	東大（大正14）	大正14
3	常務（東京駐在）	佐藤 俊雄	明治37	東大（昭和3）	昭和3
4	常務	津田 久	明治37	東大（昭和3）	昭和3
5	取締兼本店支配人兼臨時整理部長	山崎 勇治郎	明治29	山口高商（大正8）	大正8
6	取締兼東京支店長	工藤 久夫	明治37	北大（昭和3）	昭和20
7	取締兼福岡支店長	永井 思無邪	明治29	一橋大（大正9）	大正9
8	取締兼鉄鋼部長兼渉外部長	椎名 時四郎	明治40	一橋大（昭和4）	昭和4
9	取締兼審査役	平木 謙一郎	明治40	東大（昭和5）	昭和5
10	取締兼繊維部長	川口 市右衛門	明治27	大阪商大（大正5）	昭和24
11	監査	中村 豊一	明治28	東大	昭和25
12	電機部長兼非鉄金属部長	井口 藤治	明治38	神戸商大（昭和3）	昭和3
13	機械部長兼機械第二課長	河村 喆	明治39	熊本高工（昭和5）	昭和5
14	肥糧部長兼化成品部長	岡田 政次郎	明治39	小樽高商（昭和2）	昭和25
15	印度首席駐在員	本多 英二	明治41	東大（昭和6）	昭和6
16	印度駐在員	早坂 清吉	明治44	仙台市立商（昭和3）	昭和3
17	米国駐在員	稲葉 静也	大正2	東大（昭和11）	昭和11
18	〃	岡崎 純男	大正6	東大（昭和15）	昭和15
19	パキスタン駐在員	飯田 進午	大正7	早大（昭和15）	昭和22
20	独逸駐在員	実宝 靖男	明治44	阪大・機（昭和10）	昭和14
21	東京支店次長兼肥糧化成品部長	川鶴 新一	明治40	長崎高商（昭和3）	昭和3
22	東京支店次長兼機械部長	中山 勵逸	明治35	関西甲種商（大正9）	大正9
23	鉄鋼部長	加藤 五郎	明治44	東大（昭和10）	昭和10
24	非鉄電線部長兼非鉄金属課長	太田 邦夫	明治43	東大（昭和9）	昭和9

（出所）ダイヤモンド社・加藤一『ダイヤモンド会社職員録（1952年版）』ダイヤモンド社、1952年、489-491ページ。
（注1）職位の欄の表記は資料のママである。
（注2）出身校欄では東京高商・東京商大は「一橋大」、神戸高商・神戸商大は「神戸商大」、大阪高商・大阪商大は「大阪商大」と記載した。

　表2-3は、この『ダイヤモンド会社職員録』1952年版に掲載された住友商事職員96名のうち、重役陣と商品名を冠した部の部長、および海外駐在員を抜粋したものである。この表の左の「番号」という列で1から11までが重役陣であるが、11人中6人が東京大の出身者であり、上で課長級以上の人員について指摘した以上に、重役陣は東京大出身者で固められていたことがわかる。

表2-4 昭和32年（1957）の住友商事重役陣・商品名を冠した部の部長・海外駐在員

番号	職位	氏名	生年	出身校	入社年
1	会長	田路 舜也	明治26	東大	大正9
2	社長	津田 久	明治37	東大	昭和3
3	副社長	佐藤 俊雄	明治37	東大	昭和3
4	常務	工藤 久夫	明治37	北大	昭和20
5	〃	椎名 時四郎	明治40	一橋大	昭和4
6	〃	平木 謙一郎	明治40	東大	昭和5
7	〃	豊田 薫	明治35	一橋大	昭和27
8	取締役	井口 藤治	明治38	神戸商大	昭和3
9	〃	本多 英二	明治41	東大	昭和6
10	〃	岡田 政次郎	明治39	小樽高商	昭和25
11	〃	中山 励逸	明治35	関西甲種商	大正9
12	〃	桐山 喜一郎	明治40	東大	昭和30
13	〃	津田 栄太郎	明治41	東大	昭和6
14	〃	谷津 真	明治39	山口高商	昭和4
15	〃	柴山 幸雄	明治44	東大	昭和9
16	常任監査役	石野 賢治	明治37	京大	昭和14
17	監査役	中村 豊一	明治28	東大	昭和25
18	顧問	山本 善雄			
19	鉄鋼部長	羽田 達二	明治44	早大	昭和9
20	非鉄金属部長兼航機部長兼原子力部長	中山 励逸（前出）			
21	電機部長	井口 藤治（前出）			
22	機械部長兼原子力次長	河村 喆	明治39	熊本高工	昭和5
23	肥糧化成品部長兼物資部長	津田 鋭太郎（前出）			
24	繊維部長兼繊維原料課長	北谷 好千雄	明治42	和歌山高商	昭和30
25	（東京支社）電機部長	広瀬 満直	明治38	ケンブリッジ大	昭和26
26	（東京支社）機械部長	渡辺 智雄	明治41	京都高工芸	昭和17
27	（東京支社）原子力部長兼特需部長	実宝 靖男	明治44	阪大・機	昭和14
28	（東京支社）肥料化成品部長兼食品部長	岡田 政次郎（前出）			
29	（東京支社）食糧部長	松本 英三	明治41	京大	昭和27
30	ニューヨーク	井芹 亀八	明治30	スタンフォード大	大正15
31	サンパウロ兼ブエノスアイレス	伊藤 赳夫	大正4	一橋大	昭和13
32	ロンドン	本多 英二（前出）			
33	デュッセルドルフ	福島 繁慶	大正7	東大	昭和17
34	ニューデリー兼カルカッタ	荻野 輝三	大正4	東北大	昭和15
35	ラングーン	大石 明信	大正3	東亜同文書院	大正15
36	バンコック	西原 由治	大正5	東大	昭和15
37	マニラ	樋下田 国威	大正6	京城帝大	昭和16
38	香港	芝 梅太郎	明治45	一橋大	昭和12
39	台北	三沢 光彦	大正4	大阪商大	昭和18

（出所）時事通信社大阪支社(編)『主要繊維会社人名録（1957年版）』時事通信社、1957年、67-68ページ。
（注1）出身校欄では東京高商・東京商大は「一橋大」、神戸高商・神戸商大は「神戸商大」、大阪高商・大阪商大は「大阪商大」と記載した。
（注2）番号18の山本善雄の箇所が人名だけなのは資料のママである。

第2章　総合商社住友商事の成立過程

　表2-4は、別の人名録から抽出した昭和32年（1957）の住友商事の重役陣と商品名を冠した部の部長、および海外駐在員リストである。表2-3から表2-4までの5年間で、重役陣は18人に増えているが、このうち9名が東京大出身であり、相変わらず東大色は強い。商品名を冠した部もこの5年で繊維部、原子力部、食品部などが増設され、さらに海外店舗（事務所）も昭和27年（1952）の表2-3ではインド、アメリカ、パキスタン、ドイツだけであったのが、5年後の表2-4では南米サンパウロとブエノスアイレス、英国ロンドン、ビルマ（現ミャンマー）のラングーン、タイのバンコック、フィリピンのマニラ、香港、台湾の台北などが加わり、かなりの増設がみられる。住友商事は昭和32年（1957）までにかなり総合化したといえる。

　表2-3と表2-4の一番右の列には、住友への入社年が示されているが、敗戦までに住友に入社した人は、ほとんどが前節で述べた大正・昭和初期に住友で整備された販売機構（国内外の販売店員、生産部門が有した販売担当者）であったとみられる。

　また入社年が戦後の人も散見される。これらは「鉄鋼商社」、「金ヘン商社」としてスタートした住友商事の前身・日本建設産業が金属・機械類以外にも取扱品を拡大するべく、繊維や食品などの取扱いに長けた人材をスカウトしたことによる。その最初は昭和24年（1949）に大阪の繊維商社「又一」で専務をしていた川口市右衛門をスカウトしたことであり、表2-3では、この川口が「取締兼繊維部長」として重役陣に入っている（番号10の人物）。翌25年（1950）には安宅産業で元天津支店長であった岡田政次郎をスカウトし、食糧部門を新設した。表2-3で岡田（番号14）は「肥糧部長兼化成品部長」として名があがっているが、表2-4では取締役に昇格している（番号10）。

　住友商事はこれ以外にも他の商社から精力的に人材を引き抜いた。戦前期の2大商社であった三井物産と三菱商事は、敗戦後GHQ（連合国軍最高司

---

(58)　川口市右衛門と岡田政次郎についてはサンケイ新聞経済部『住友パワー最強部分の解明』オーエス出版、1986年、77ページ、を参照。
(59)　住友商事株式会社総務本部社史担当（編）『住友商事の歩み』55ページ。

令官総司令部)によって細かく分割されたが、昭和27年(1952)に占領政策が終わるとこれら両社は再合同への模索を始めた。そして三菱商事は昭和29年(1954)7月までに比較的スムーズに再合同を果たしたのに対し、三井物産の再合同が実現するのは昭和34年(1959)であり、三井物産の再合同は相当もたついた[60]。旧三井物産系商社が再合同でもたついていた昭和30年に住友商事は、旧三井物産系商社の第一物産にいた農水産担当者の森祥二郎ら7名を招き入れた。それまで住友商事では農水産品の取引をしていなかったが、この7人を中心に食品課を設け、住友商事ではこれにより食品関係の取扱高が急増した。この時、自社社員を引き抜かれた第一物産では住友商事への批判が高まり、第一物産と住友商事の首脳部間で会談が開かれるに至ったという。住友商事はこれ以後も他の商社から大量に人員を引き抜いた[61]。戦前期の住友財閥の販売機構は、住友財閥の生産部門で製造する銅製品、電線、機械類、石炭などの取扱経験しか持たなかったが、戦後にはこのように他の商社から人員を引き抜くことによって、取扱品の多様化をはかったといえる。

　日本建設産業(住友商事)は官庁からも人材をスカウトした。表2-4の重役陣18人のうち戦後に住友入りした岡田政次郎以外の3名は、いずれも元役人である。最初に住友入りしたのは昭和25年(1950)入社の中村豊一であるが、彼は住友商事初代社長の田路舜也とは中学の時以来、友人関係にあった。この中村と田路はともに京都の第三高等学校から東京帝大法科に進み、中村は卒業後外務省に入って、ドイツ・アメリカ・中国などを外交官、領事として転々とし、戦後は占領下における連合国軍の基地設営や役務・労務の調達にあたる特別調達庁の副総裁に任命されていた[62]。中村豊一が日本建設産業(住友商事)に入ったのには、田路舜也の招きがあったのではないかと考えられる。続いて昭和27年(1952)には外務省から豊田薫が、また

---

(60)　大森・大島・木山(編)『総合商社の歴史』166ページ、171ページ。
(61)　錦織尚『住友グループ』ユニオン出版社、1975年、87ページ；サンケイ新聞経済部『住友パワー最強部分の解明』77-78ページ。
(62)　住友商事株式会社(編)『田路舜也の思い出』84-85ページ；人事興信所(編)『人事興信録(第16版下)』人事興信所、1951年、「な」の42ページ。

昭和30年には通産省から桐山喜一郎が招かれている[63]。表2-4で重役として掲載されているわけではないが、東京支社で食糧部長の松本英三（番号29）も食糧庁から招かれた人である[64]。このような住友商事入りした元役人たちは、戦後に政府が管理した海外店舗設置許可や外貨使用、通商政策などに関する情報をもたらしたと考えられる。

　住友商事の総合化でもう一つ重要な海外への店舗展開についてもみておこう。同社の海外店舗展開の最初は、まだ日本建設産業の社名であった昭和25年（1950）で、インド政府の発電所用電線類と碍子の国際入札で住友電工と協力して落札に成功したのがきっかけであった。これら製品納入のために同年7月、大石明信をボンベイ駐在員とした。大石は表2-4で番号35の人物として掲載されているが、そこからもわかるように彼は東亜同文書院の出身で大正15年（1926）に住友入りしていた。前節でみたように、戦前の住友では東亜同文書院の出身者が比較的多く採用されていたが、そのような人々から戦後初めての海外駐在員が選ばれたということになる。東亜同文書院ではもっぱら中国語が叩き込まれたが、英語の授業もあったので中国語圏以外にも対応できたのであろう[65]。インドに渡った大石は事務所をボンベイ市内のマスカティ商会内に置いたとされている。翌昭和26年（1951）1月にはインドのカルカッタに渉外部長であった本多英二が派遣され、首席駐在員となった。ボンベイ駐在員はこのカルカッタの管下に入ったという[66]。昭和27年のことを示した表2-3では「印度駐在員」として早坂清吉の名が書かれているから、本多英二はまもなくして他に転任したのだろう。

　北米方面への展開については、取締役で金物部長でもあった椎名時四郎が、昭和25年（1950）5月から3ヶ月間、市場視察と商談のためにアメリカとカナダに出張したことがきっかけであった。椎名はこの出張でアメリカ

---

(63)　錦織『住友グループ』86ページ。
(64)　住友商事株式会社総務本部社史担当（編）『住友商事の歩み』55ページ。
(65)　大正期の伊藤忠商事においても東亜同文書院卒業生がフィリピン、インド、アメリカ、イギリスなど非中国語圏に派遣されていた（木山実「明治大正期「伊藤忠」の海外展開における要員」13-14ページ）。
(66)　住友商事株式会社社史編纂室（編）『住友商事株式会社史』278ページ。

に駐在員を設置する必要性を感じたため、翌26年4月に米国駐在員を置くことになり、非鉄金属課長であった岡橋純男が赴任した。岡橋はまずサンフランシスコに駐在し、続いて7月にニューヨークに回り、ちょうど出張滞在中の常務津田久と落ち合って同市のタカミネ商会に事務所を移し、さらに11月にセビレホテルに移した。27年1月にはアメリカ駐在員を増強するために、横浜出張所長であった稲葉静也が駐在を命じられた。岡崎と稲葉は表2-3でも駐在員として名前が載っている（番号17と18）。

昭和27年（1952）1月には、繊維輸出を増強させるためにパキスタンのカラチに駐在員を置くことになり、飯田進午が赴任した。同じ頃、ドイツ駐在員をハンブルグに置くことになり、八幡出張所長であった実宝靖男が赴任した。これは、彼らに先だって欧米に出張していた常務の津田久が西ドイツの有望性に注目したことがきっかけであった。昭和27年11月にはハンブルグからデュッセルドルフに移転し、翌28年4月には首席駐在員として大沢忠蔵が赴任した。[67]この後、表2-4で示されるように住友商事の海外展開はますます進展する。

6　おわりに

伊庭貞剛総理事時代以降の住友の歴史は、司法官や東京帝大出身の官吏などをスカウトして住友経営の上層に据え、また名門公家の徳大寺家から養子をとって家長にするなど、権威付けを伴いながら、関西に拠点を置きつつ全国区化をはかって、三井や三菱などの2大財閥に食い込もうとした歴史であった。

住友は産銅業を中心とする財閥であったが、製品を製造する以上、必然的にその製品を販売する部門を有した。戦後の住友商事成立に至る歴史をみると、この販売部門を拡大して商社を持とうとする衝動に駆られた歴史であったようにも思われる。

戦前期の住友は、結局商社を持たなかったといえ、大正・昭和初期にかけて、中国での販売店などをはじめとする国内外の販売店、さらには生産部門

---

(67)　住友商事株式会社社史編纂室（編）『住友商事株式会社史』278-279ページ。

が生産する製品を取扱う販売機構が整備されていた。そこで培われたスキルや人材は戦後の住友商事にかなり継承されたといってよいであろう。特に戦後に成立した住友商事では東京帝大出身者による学閥が強固に成立していたことを本章で確認したが、それも東京帝大出身者を経営上層部に充てた住友の近代史とかなり重なるところがあるように思われる。また戦前期の住友が東亜同文書院の出身者を熱心に採用し、それらの人々が戦前の住友や戦後の住友商事の海外展開を一定程度支えていたことも確認できた。そして取扱い経験のない商品取扱い参入については、他の商社や官庁から人材を招いて対応したのである。

第3章

大阪のガラス産業と特許

西 村 成 弘[*]

1 はじめに

　明治期から太平洋戦争までの大阪は、「東洋のマンチェスター」と称された繊維産業だけではなく、機械、金属、化学、雑貨など幅広い産業を発展させていた[(1)]。筆者はこれまで、大阪の多様な産業発展とそれを支えた工業所有権制度について研究を行ってきた。その際、たんに大阪の企業家がどのような特許を取得したかというだけではなく、どのように工業所有権制度を利用して成長してきたかという観点から分析してきた。特許や実用新案の出願・登録に示される発明活動だけではなく、取得した権利の取引や行使も含めて分析することによって、工業所有権制度がどのように産業発展を促進するのかを考察できるからである[(2)]。本稿においても、同様に複合的な視点から産業発展と工業所有権の関係を探っていく。

　工業所有権のうち特許をとりあげ、大阪の企業家がどのような特許を登録したのかをみたのが表3-1である。特許登録状況をみることによって、まずは企業活動の特徴をつかむことができる。1901年から1940年までに大阪の

---

[*] 神戸大学・大学院経営学研究科・教授
(1) 阿部武司『近代大阪経済史』大阪大学出版会、2006年；沢井実『近代大阪の産業発展—集積と多様性が育んだもの—』有斐閣、2013年。
(2) 西村成弘「明治後期大阪における工業所有権」関西大学経済・政治研究所『研究双書』第165冊、2017年；西村成弘「明治中後期の技術市場と大阪—莚織機関連特許の分析から—」関西大学経済・政治研究所『研究双書』第170冊、2020年；西村成弘「大阪の企業家と発明活動—大正・昭和初期の特許分析—」関西大学経済・政治研究所『研究双書』第178冊、2023年。

表3-1 大阪の企業家の特許分類
(1901-1940年登録)

(件)

順位	分類		登録件数
1	166	繊維	456
2	106	金属品製造機	407
3	105	窯業品製造機	313
4	161	塗料	247
5	83	編機	243
6	182	可塑物	238
7	186	化学雑工	235
8	154	金工	215
9	87	織機	210
10	107	雑種製造機	190
11	156	硝子及琺瑯	183
12	174	飲食物	182
13	1	測定器	174
14	144	無機化合物	171
15	177	医薬	166
16	31	車両	162
17	80	紗絢及紡績	161
18	145	有機化合物	157
19	94	印刷機	156
20	170	印刷	156

出所:『特許公報』『特許発明明細書』各号より作成。

企業家[3]が権利者となって登録された特許の技術分類のうち上位20分類までをみると、繊維関係の特許が多いことがわかる。最も多いのは第166類「繊維」であるが、他にも第83類「編機」、第87類「織機」、第80類「紗絢及紡績」も繊維関連である。次いで多いのは第106類「金属品製造機」で、金属品加工に関するものである。3番目に多いは第105類「窯業品製造機」であり、第11位にある第156類「硝子及琺瑯」を加えると相当数のガラス関係特許が登録されていることがわかる。これら特許登録の多い3つの産業の

---

(3) 権利者が複数存在する場合は、筆頭の権利者の住所が大阪府にあるものを、本稿では大阪人の特許あるいは大阪の企業家の特許とする。

うち、本稿はガラス産業を取り上げる。というのも、後に詳しく見るように大阪はガラス産業の集積地であり、大阪の産業発展と特許の関係をみる上でより豊かな知見が得られると考えられるからである。本稿では、明治期から太平洋戦争直前までの大阪ガラス産業の発展を特許の側面から明らかにする。その際、前述のように特許登録の分析から技術開発の動向を明らかにするだけではなく、企業家が特許制度をどのように利用したのかという点からも分析を行う。また、大阪ガラス産業の発展の分析を通して、特許管理の視点に基づく論点にも与する。すなわち、産業発展のどのようなタイミングで特許が多く登録されるか、また、どのような産業発展の段階で権利が行使されるのかについて、大阪ガラス産業を事例として検討する。

本稿で使用する特許データは、農商務省特許局発行の『特許公報』および『特許発明明細書』目次の書誌データから抽出した。また、特許権の異動に関する情報は『特許公報』の彙報欄に掲載された権利異動情報を利用した。ところで、明治期から昭和初期にかけての日本人の発明活動や産業発展を分析する場合、特許ではなく実用新案のデータを用いることが有意な場合がある。というのも 1905 年に始まる実用新案制度は、特許制度と比較してより多くの日本人が利用し手工業や機械工業をはじめ広い分野で発明（考案）が登録され、アイデアが企業化されたからである。(4) しかしながら、紙幅の関係上、本稿では特許に限定する。

以下、第 2 節で明治期から太平洋戦争までの大阪ガラス産業の発展を概観した後、第 3 節では特許データを用いて大阪ガラス産業の展開とその特徴を明らかにする。第 4 節では、個別事例を用いて産業発展の中で企業家が特許制度をどのように利用したのかについてみる。

2 ガラス産業集積地としての大阪

(1) 日本のガラス産業と大阪の位置

ガラス産業は多様な製品で構成されている。杉江と赤木の研究を参考にガ

---

(4) 知的財産研究所『特許から見た産業発展史に関する調査研究報告書』知的財産研究所、2000 年、1-29 ページ。

ラス産業を分類すると、次のようになる。まず、ガラス産業は大きく板ガラス（窓ガラス）とガラス製品に分類することができる。後者のガラス製品の中で最も生産量が多いのはガラス瓶で、1905-1910 年にはガラス全体の総生産額の 53％を占めており、他のガラス製品の発展によって構成比は次第に低下するものの 1921 年に 49.6％、1935 年においても 34.8％という大きなシェアを占めていた。次いで多いのは、ガラス食器およびコップであった。他にも、太平洋戦争以前のガラス産業は、灯火用ガラス（石油ランプの油壺、ホヤ、石笠および電灯用のセードとグローブ）、電球ガラス、理化学用・医療用ガラス、アンプル・ガラス、工芸ガラス、温度計・体温計、眼鏡ガラス、光学ガラスを産出していた。さらにガラスの二次加工品である珠玉（ガラス玉）、ガラス素地、模造宝石、ガラス釦、南京玉、マーブル玉、模造真珠・人造真珠、光珠・金引光珠、腕環、魔法瓶、時計用ガラス、信号灯ガラス、漁業用浮き球、ガラス繊維、安全ガラス、強化ガラスなど幅広い製品で構成されていた。

　統計により日本全体のガラス産業の概観を得よう。表 3-2 は全国のガラス工場数、職工数、生産額および輸出額とそれぞれの比率を一覧にしたものである。全体の生産額をみると、1914 年の約 790 万円から 1919 年の約 6,440 万円へと、第 1 次世界大戦期に成長したことがわかる。1920 年代は平均約 4,580 万円の生産額で推移するが、1933 年から再び急成長し、1940 年の生産額は 1 億 6,620 万円となった。同時に、板ガラスの生産も拡大するが、板ガラスよりもガラス製品の方が常に生産額が大きかった。

　次に、ガラス産業を工場の特徴から見よう。ガラス工場数は多く、1914 年に 463 か所であったものが 1919 年に 1,268 か所となった。工場数は 1920 年代に大きく減少するが、1930 年に 604 か所にまで回復し、1940 年に 1,100 か所にまで増加した。工場の規模を 1 工場当たりの職工数でみると、1905-1920 年の平均 19.7 人から 1936-40 年の平均 31.1 人まで拡大したが、しか

---

(5)　杉江重誠『日本ガラス工業史』日本ガラス工業史編集委員会、1950 年；赤木三郎「わが国とくに大阪のガラス工業」『科学と工業』43 号、1969 年、75-84 ページ。

第3章 大阪のガラス産業と特許

表 3-2 ガラス工場数、職工数、生産額、輸出額の推移（全国）

	工場数 (a)	職工数 (b)	1工場当たり職工数 (b/a)	ガラス製品	板硝子	総額 (c)	1工場あたり生産額 (c/a)	輸出額 (d)	輸出比率 (d/c)
	（箇所）	（人）	（人）	(1000円)	(1000円)	(1000円)	(1000円)	(1000円)	(%)
1905	242	3,686	15.2	2,071	95	2,166	9.0	1,753	80.9
1906	289	5,078	17.6	3,006	34	3,040	10.5	2,673	87.9
1907	313	5,663	18.1	3,137	38	3,175	10.1	1,831	57.7
1908	344	5,724	16.6	3,372	6	3,379	9.8	1,305	38.6
1909	360	7,164	19.9	4,146	48	4,194	11.7	1,648	39.3
1910	405	7,217	17.8	3,703	155	3,858	9.5		
1911	376	7,471	19.9	4,244	390	4,634	12.3		
1912	390	8,329	21.4	4,929	546	5,475	14.0	3,068	56.0
1913	459	8,869	19.3	5,244	607	5,851	12.7	3,319	56.7
1914	463	9,458	20.4			7,851	17.0	2,953	37.6
1915	599	11,427	19.1			12,215	20.4	5,873	48.1
1916	629	15,503	24.6	11,202	5,560	16,762	26.6	10,397	62.0
1917	822	17,694	21.5			27,362	33.3	14,460	52.8
1918	1,062	20,930	19.7			41,924	39.5	16,080	38.4
1919	1,268	21,537	17.0	42,333	22,027	64,360	50.8	19,681	30.6
1920	734	19,478	26.5	34,570	21,651	56,221	76.6	23,239	41.3
1921	888	17,248	19.4	25,329	12,586	37,915	42.7	11,608	30.6
1922	902	17,677	19.6	31,675	9,671	41,346	45.8	11,164	27.0
1923	894	17,526	19.6	27,599	13,348	40,947	45.8	13,428	32.8
1924				34,058	18,531	52,589		15,701	29.9
1925				33,254	17,288	50,542		19,368	38.3
1926	468	16,976	36.3	30,385	15,505	45,890	98.1	15,808	34.4
1927				29,790	14,478	44,268			
1928	527			29,536	15,145	44,681	84.8		
1929	624			29,075	14,804	43,879	70.3		
1930	604	18,730	31.0	25,157	15,427	40,584	67.2	12,604	31.1
1931	596			19,355	15,033	34,388	57.7	8,368	24.3
1932	641			23,062	14,171	37,233	58.1	10,700	28.7
1933	682			30,153	22,373	52,526	77.0	12,327	23.5
1934	774			35,429	23,427	58,857	76.0	19,454	33.1
1935	791	23,874	30.2	41,193	26,980	68,173	86.2	23,337	34.2
1936	848	27,024	31.9	46,404	31,956	78,360	92.4	25,627	32.7
1937	969	29,400	30.3	56,498	40,690	97,188	100.3	36,670	37.7
1938	942	26,322	27.9	67,878	37,092	104,970	111.4	30,171	28.7
1939	1,080	36,000	33.3	91,989	43,904	135,893	125.8	30,688	22.6
1940	1,100	35,000	31.8	106,736	59,418	166,154	151.0		

出所：杉江『日本ガラス工業史』471-472 ページ，第1表Ⅰ・Ⅱ，輸出額は 490 ページ第 15 表より作成。

し中小零細工場が多いことに変わりはなかった。1工場当たりの生産額も1905-1920年の平均約2万2,700円から、1931-1935年の約7万1,000円、そして1936-1940年の約11万6,200円へと増加するが、やはり中小零細工場が多いといえる。板ガラスの生産には高度な技術と大規模な設備が必要であるから大規模工場となる（1工場当たりの生産額が大きい）が、ガラス製品分野においては、ビール瓶など飲料用瓶を製造する大工場以外は、ほとんどが零細企業であった[6]。

生産されたガラス製品は、日本の主要な輸出産品であった。ガラス製品の輸出は産業のごく初期の段階から記録されており、1884年の輸出額は4,776円、1895年には19世紀で最も多い約34万6,000円が輸出された[7]。表3-2によると、1905年の輸出額は約175万円で、生産額217万円の80.9％を占めており、生産量のほとんどが輸出されていたことがわかる。輸出額は第1次世界大戦を契機に急増し、1920年には約2,324万円となった。輸出額はその後減少するが、再び1932年から上昇傾向となり、1935年には約2,334万円まで回復し、1937年のピークには約3,667万円を記録した。他方で、輸出比率は国内需要の高まりを受けて低下した。1905-1909年の輸出比率は年平均60.9％であったが、1915-1920年には45.5％、1921-1925年には31.7％へと低下し、その後は約30％程度となった。しかしガラス産業は、比較的高い輸出比率を維持したことに特徴がある。

日本のガラス産業における大阪の位置を示したものが表3-3である。この表には板ガラスの生産額が含まれているが、大阪では板ガラス生産は行われていない。福岡、兵庫、神奈川のガラス生産額が大きいのは、これらの地域には旭硝子株式会社および日本板硝子株式会社の工場が立地しているからである[8]。これらを考慮すると、大阪は明治以降、ガラス産業の中心地であったといえる。1912年まで、大阪には全国ガラス生産の半分以上が集中して

---

(6) 加藤左織「日本の現代ガラス工業の発展小史」『千葉商大論叢』14巻 3号、1976年、184ページ；鈴木哲夫『日本ガラス製品工業史』日本硝子製品工業会、1983年、205-207ページ。

(7) 杉江『日本ガラス工業史』490ページ。

(8) 杉江『日本ガラス工業史』475-476ページ。

表3-3 主要産地の生産額（板ガラスを含む）

(1000円，%)

	大阪	福岡	東京	神奈川	兵庫	愛知	全国	大阪の割合
1907	1,682	28	724	185	23	88	3,175	53.0
1912	2,781	13	1,258	170	625	169	5,475	50.8
1916	6,379	3,445	2,703	1,069	1,835	498	16,762	38.1
1921	10,833	9,389	5,527	3,638	4,020	2,047	38,680	28.0
1926	15,436	11,924	5,739	7,180	3,044	833	45,890	33.6
1930	11,697	10,149	5,903	5,420	4,967		40,583	28.8
1935	18,962	17,672	9,891	7,691	10,790	1,133	68,173	27.8
1937	24,361	21,281	13,811	12,279	18,217	1,635	96,375	25.3

出所：杉江『日本ガラス工業史』476ページ第3表。

いた。1920年代から30年代にかけて大阪への集中度は低下するが、太平洋戦争以前で最もガラス生産が盛んであった1937年においても大阪の生産額は2,436万円と、いずれの主要生産地よりも大きく、割合も25.3％を占めていた。他方、大阪がつねにガラス産業の集積地であったとはいえ、マーケットは変化していた。明治期までは、大阪で生産されたガラス製品は関東市場にも供給されており、大阪への産業集中の程度は高かった。しかし、大正時代に入り東京およびその周辺での生産が拡大して自給されるようになると、大阪の製品は関西以西の市場と輸出に振り向けられるようになった。大阪のガラス産業は大正期以降に輸出産業としての特徴を強めた。[9]

(2) 大阪ガラス産業の源流

　日本でいつガラス生産が開始されたかについては諸説あるが、近代的ガラス産業は1873年に丹羽正庸が東京に興業社を設立し洋式ガラス工場を始めたことが起点とされる。同社は設備をすべてイギリスから取り寄せ、イギリス人技師トーマス・ウォルトンを招いて技術指導を受けた。同社は板ガラス製造を目指していたが失敗して経営困難になり、工部省が買い上げて1876年に品川硝子製作所とした。工部省は同所をガラス製造の模範工場とすべく、引き続きウォルトンを雇い入れただけではなく、イギリス人技師ジェー

(9) 赤木「わが国とくに大阪のガラス工業」76ページ。

ムス・スピートやエマヌエル・ホープトマンなどを雇い入れて技術指導にあたらせた。製造品目は食器、ホヤ、化学用器類であったが、結局経営がうまくいかず、西村勝三と磯部栄一に払い下げられた。1885年5月に民営となった品川硝子製作所は、事業組織を第1科（陸軍用水瓶）、第2科（薬用瓶）、第3科（油壺・ホヤ）、第4科（食器および理化学用品）に再編した。1888年には資本金15万円の有限会社品川硝子会社とし（社長は柏村庸）、ホヤ、薬瓶、酒瓶、食器、窓ガラスの製造販売と輸出を行った。1889年からはビール瓶の製造を開始し、製品は横浜の麒麟麦酒会社に、薬瓶は日本製薬会社に販売された。一見すると事業は順調のように見えたが、原料コストの高騰やビール瓶の値下がりにより経営困難に陥り、1892年11月に解散した。[10]

　官営・民営を通して品川硝子製作所のガラス製造事業は不成功に終わったが、他方で洋式ガラス吹きの手法を学んだ技師が育った。彼らのうち何人かは大阪に移り、ガラス産業を主導することになった。品川硝子製作所から大阪へ移った人物には岩城瀧次郎、野田信三、後に食器製造経営を営んだ篠巳之助、稲葉徳七、島田硝子製造所を創業した島田孫市、池田助七、山田栄太郎、徳永硝子製造所を創業した徳永玉吉がいた。[11]

　大阪ガラス産業の源流には、品川硝子製作所のほかにもう一つ、伊藤契信と日本硝子会社があった。伊藤は1875年に天満山（大阪市北区與力町付近）にガラス工場を設けてガラス生産をはじめ、1881年には品川硝子製作所を解職された技師スキートモールを呼んで坩堝製造に着手した。翌1882年にはスピートを教師として雇い入れて伝習生にガラス技術を習わせた。1883年6月になると資本金18万円で日本硝子会社（社長は畑泰輔。伊藤は技師長）を設立し組織を整えた。しかし会社重役と意見が合わず、伊藤は1888年6月に会社を退いてしまい、日本硝子会社自身も業績不振により1890年に解散してしまった。伊藤は独立後、大阪に川崎硝子製造所を設立し職工71名を雇い入れる。しかし資金繰りが悪化し、こちらも倒産してしまった。

---

(10)　杉江『日本ガラス工業史』111-119ページ。
(11)　杉江『日本ガラス工業史』124-125ページ；吉村貞二『物語　徳永硝子七十年史』貢文館（私家版）、1952年、16-18ページ。

伊藤は大阪を離れて東京に行き、1894年に東京硝子株式会社（資本金50万円）を設立したがうまくいかず、3年ほどで解散した。伊藤自身も1900年に57歳で亡くなってしまった。⁽¹²⁾

このように、伊藤の企業家活動も日本硝子会社の経営もついには不成功に終わってしまったが、大阪ガラス産業の発展には極めて重要な役割を果たした。伊藤は大阪ではじめて洋式ガラス吹きを導入し、多数の職工を養成した。日本硝子会社で働き後に大阪ガラス業界の有力者になった者には、前出の島田（日本硝子会社では職長）、吉田硝子製造所を設立した吉田岩吉（同、窯と調合担当）、前出の徳永（同、製造担当または工場長）、そして篠（製造担当）がいた⁽¹³⁾。

(3) ガラス産業の発展

主要なガラス製品の生産技術は、人工吹きから機械吹き、そして自動機械による大量生産へと発展していった。大阪ガラス産業は、ガラス生産技術の発展にも大きく貢献した。以下では、ガラス瓶とガラス食器・コップに分けて生産技術の発展をみる。

ガラス瓶の生産高はガラス製品の中で常に最大で、ガラス工場総数の約半分は製瓶工場であった。生産額は1905年から1938年の間に40倍に拡大し、生産額の約4分の1は輸出に向けられていた⁽¹⁴⁾。

最初のガラス瓶製造は、1875年に設置された伊藤の大阪の工場で行われた。東京では、品川硝子製作所がドイツからジーメンス・リジネラチブ式窯を導入し、前述のように1889年から本格的にビール瓶生産を開始した。これらはすべて人工吹きであった。人工吹きの欠点は製品の寸法や形状にムラが多いことであり、機械吹きの実現が目指された。

機械吹き法によるビール瓶製造の取り組みは、大阪で始められた。1906年に日本、フランス、イギリス、ベルギーの4か国人の共同出資によって東

---

(12) 杉江『日本ガラス工業史』119-121ページ。
(13) 杉江『日本ガラス工業史』121-122ページ；鈴木『日本ガラス製品工業史』29ページ；吉村『徳永硝子七十年史』18-19ページ。
(14) 杉江『日本ガラス工業史』179-181ページ。

洋硝子製造株式会社が設立された。同社はベルギー人技師デッセルが発明した機械を使用して鉱泉瓶の製造に着手した。これが日本における機械製瓶の始祖である。しかし、同社は資金難で1909年に解散した。同年、発明者であるデッセルは、トーマス・ケルショーらの援助を得て大物機械製壜合資会社を設立し、デッセルの機械を使用して瓶製造を開始した。しかしこの会社も経営難に陥り、ケルショーは1911年に特許と工場を大日本麦酒株式会社に売却して会社を解散した。大日本麦酒は、デッセル式製瓶機を吹田工場に移して改良し（吹田二年式製瓶機として特許を取得している）、製造を軌道に乗せた。同社はその後、同様の機械を札幌工場にも導入した。

大正期に入ると、自動製瓶機による大量生産計画がもちあがった。1916年に島定次郎、石井清、泉彌市、杉田與三郎らによって発起され、大日本麦酒と麒麟麦酒が参加して日本硝子工業株式会社（大阪、資本金300万円）が設立された。同社は、アメリカ人ミッチェル・オーウェンズの発明した自動製瓶機の特許を買収し、横浜と尼崎に工場を建設した。その後、同社は1920年に大日本麦酒に合併された。大日本麦酒はデッセル式製瓶機を改良した半自動式の吹田二年式製瓶機でビール瓶の生産を行っていたが、1923年に吹田工場、博多工場、札幌工場でグラハム式自動製瓶機を採用し、吹田二年式を廃止した。なお、大日本麦酒の5か所の製瓶工場は統合され、1936年1月に日本硝子株式会社（東京）となった。

ビール瓶の製造以外でも、自動製瓶機が導入された。1919年に大阪の山本為三郎が三矢鉱泉株式会社と提携して日本製壜株式会社を尼崎に設立し、オニール式製瓶機とリンチ式製瓶機を設置して鉱泉瓶の製造を開始した。この工場は、のちに日本麦酒鉱泉株式会社尼崎工場となった。また、山川迪吉

(15) この機械は特許でも確認できる。特許第16,140号、特許権者は東洋硝子株式会社。
(16) 1911年6月1日にイギリス人「トーマス・カーショー」から「大日本麦酒株式会社」に譲渡登録されたことが記録されている。『特許公報』第1,487号（明治）。
(17) 杉江『日本ガラス工業史』158-159ページ。
(18) 買収した特許は第6,695号、第6,696号、第9,523号、第9,828号。『特許公報』第199号、1916年7月28日。
(19) 杉江『日本ガラス工業史』191-196ページ。

の大阪製壜所と山村徳太郎の山村製壜所もリンチ式製瓶機を採用して瓶の大量生産を行った[20]。なかでも徳永硝子製造所は独自の技術開発と最先端技術の導入によって大規模生産を行った（第4節）。同所は1910年、徳永式半人工製壜機の発明を完成させたほか、1922年には親族を渡米させて自動製瓶法を調査し、同年6月にリンチ式およびミラー式製瓶機を買い入れて設置した。また、ハートフォード・エンパイヤー式素地自動供給機の特許を買収して全自動製瓶法の設備を改修し、1923年から全自動式でガラス瓶の製造を行うようになった[21]。

ガラス食器とコップは瓶類に次ぐ重要製品であった。大阪府の生産高が常に最大で、1923年には全国生産額の81％を占めており、平均すると60-70％の集中度であった。ただし、東京で生産されるガラス食器は高級品の少量生産が中心で、他方大阪は普通品の大量生産を特徴としており、これが大阪の生産高が大きい理由であった[22]。

ガラス食器とコップの製造機械化のきっかけは、農商務省の技術導入政策にあった。1909年に同省は、欧米各国から最新機械を購入して業者や同業組合に貸与する事業を実施し、ガラス関連機械はドイツから購入して関係者に貸与された。東京玻璃製造同業組合へはガラス器直線模様付機械とコップ切断及び縁仕上げ機械が貸与され（5年間）、大阪硝子製造同業組合へは押型器製作機械が貸与された（5年間）。ガラス製造業者は、農商務省から貸し出された機械を参考に改良を加えて新たな機械を作り出し、産業の成長に寄与した。この政策は「我がガラス工業界に長足の進歩をうながす動機となり、その貢献はまことに多大なものがあった」と評価されている[23]。

ガラス食器とコップの大量生産には、自動押型機が用いられた。島田硝子製造所は、1928年にアメリカ式の自動成形機の利用を開始しガラスコップの生産を行った。さらに、ハートフォード式自動素地供給機に組み込まれて

---

(20) 杉江『日本ガラス工業史』166-167ページ。
(21) 杉江『日本ガラス工業史』188-190ページ；吉村『徳永硝子七十年史』104ページ。
(22) 杉江『日本ガラス工業史』212ページ。
(23) 杉江『日本ガラス工業史』202ページ。

いるフィーダーの特許を導入してガラス食器も大量生産した。[24]

3 特許から見る産業発展
(1) 初期のガラス工業と特許

前節でみたように、日本では19世紀末にガラス生産の企業化がはじまった。1873年には丹羽の興業社が設立され、1876年には工部省が同社を買収して品川硝子製作所とし、1885年に民間に払い下げられた。大阪でも、1875年に伊藤がガラス工場を設け、1883年に日本硝子会社を設立した。品川硝子製作所や日本硝子会社で技術を習得した企業家は、1880年に徳永玉吉（徳永硝子製造所）、1886年に吉田岩吉（吉田硝子製造所）、そして1888年に島田孫市（島田硝子製造所）がそれぞれの企業を立ち上げた。

このようなガラス産業の揺籃期において、日本の工業所有権制度は整備途上にあった。専売特許条例は1885年に施行され（のちに特許法となる）、実用新案法は1905年に施行された。産業発展の最初期において工業所有権制度が未整備であったとはいえ1885年以降は特許の出願と取得が可能であったので、どのような特許が登録されたのかを見よう。

本稿では、ガラス関連特許を特許分類（大正10年法による207分類）を用いて判定した。関連する特許は、第105類「窯業品製造機」のうち1「硝子壜製造機」、2「魔法瓶製造機」、3「硝子壜口成形機」、4「硝子栓製造機」、5「硝子コップ製造機」、6「硝子環製造機」、7「硝子球製造機」、8「硝子線製造機」、9「硝子板製造機」、10「硝子釦製造機」、11「時計硝子製造機」、12「円筒硝子製造機」、13「電燈製造機」、14「雑種硝子品製造機」および第156類「硝子及琺瑯」のうち1「硝子」、2「硝子窯」に含まれると考えられ、これらの分類が付された特許を数えた。[25]

その結果、1900年までに登録されたガラス関連特許は、1895年登録の

---

(24) 杉江『日本ガラス工業史』205-206ページ、215-218ページ。
(25) もちろん、ガラス産業に関係する特許はこれらの分類に含まれないものも多数あることに注意が必要である。しかし、これらの分類に含まれる特許はガラス工業の中心となるものであると考えられ件数も多いため、これらの分類に限定して分析を進めていく。

第 2,541 号「玻璃器製造機」（特許権者は京都・堀井源次郎）、同年登録の第 2,605 号「窯（硝子絵焼着用）」（東京・松浦玉圃、同・松岡成幸、同・伊場野成雄）、1898 年登録の第 3,213 号「珠製法」（大阪・池田和三郎）、1899 年登録の第 3,883 号「窯（硝子絵焼着用）」（福岡・緒方芳太郎）、そして 1900 年登録の第 4,051 号「模様入硝子器製造器」（大阪・廣岡梅吉）の 5 件であった。このうち、松浦は日本で最初に焼付法を試みた人物であり、1907 年開催の東京勧業博覧会において「綿絵焼付ガラス器」で賞牌を得ている。[26] 5 件の特許の内容を見ると、揺籃期のガラス関連特許は、ガラス製品を生産する方法や装置というよりも、ガラスに絵付けをする方法に関するものが多い。産業の最初期においては、新製品や製法の開発よりも、人工吹きで行うガラス生産を確立し経営を軌道に乗せることに多くのエネルギーが費やされ、発明を行い、特許制度を積極的に利用することは少なかったと考えられる。

(2) 技術導入

ガラス産業は移植産業であり、揺籃期のみならず 1920・30 年代においても外国技術（機械やガラスそれ自体）の導入がなされ、日本のガラス企業もこれら輸入技術に改良を加えて製造を行っていた。

日本初の洋式ガラス工場であった興業社は、設備をすべてイギリスから取り寄せイギリス人技術者から技術指導を受けていた。同社を買収した品川硝子製作所も、それらの設備を引き継ぐとともに、イギリス人技師を雇い入れて技術移転を図っていた。大阪の伊藤も品川硝子製作所を解職されたイギリス人技師から坩堝製造の指導を受けていた。しかし、1885 年に特許制度が始まったとはいえ、ガラス産業の最初期においては、外国人が日本において特許を取得することはできなかった。外国人が特許を出願・取得することができるようになったのは、日本が工業所有権保護同盟条約（パリ条約）に加盟し、特許法を改正した 1899 年以降のことであった。[27]

---

(26) 杉江『日本ガラス工業史』137 ページ、324 ページ。なお、その他の人物については、今のところ情報がない。
(27) 特許庁『工業所有権制度百年史（上）』発明協会、1984 年、202-205 ページ。

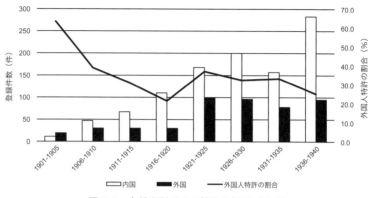

図3-1 内外人別ガラス特許の推移（登録）

出所：『特許公報』『特許発明明細書』各号より作成。

　外国人による特許取得が可能になると、外国人・企業は日本に対して特許を出願・登録し、技術移転を進めて利益を得ようとした。本稿がこれまで叙述したガラス産業における技術導入に際しては、外国企業が取得した日本特許が取引され、それらに基づいて新規技術の移転と企業化が実現された。たとえばデッセル式の機械吹きビール瓶製造法の特許は東洋硝子製造株式会社によって取得され、後に大日本麦酒が実施した。日本硝子工業はミッチェル・オーウェンズの発明した自動製瓶機の特許を買収し、横浜と尼崎に工場を建設してビール瓶を製造した。ほかにもオニール式製瓶機やリンチ式製瓶機、ハートフォード・エンパイヤー式素地自動供給機についても製造業者によって特許が買収され、機械が工場に導入された。したがって、外国人・企業による日本特許の登録傾向をみれば、全体として日本への技術導入の程度がわかり、また、日本人発明の登録傾向をみれば、技術導入と技術開発がどのような関係にあるのかもおおよそ判明する。

　図3-1は、ガラス関連特許を内国人特許と外国人特許に分類（特許権者の住所で分類）し、1901年から1940年までの推移を5年ごとに示したものである。同期間に登録されたガラス関連特許は、内国人所有のものが1,043件、外国人所有のものが477件、合計1,520件であった。より詳しく見ると、1901-1905年は、内国人特許11件に対して外国人特許19件であり、外国人

特許比率は63.3％と高かったが、その後1920年にかけて低下した。外国人特許の登録件数は1906年から1920年まで同程度（5年間で30件）であったが、国内における発明活動が活発になり、内国人特許が47件、67件、110件と増加したために外国人特許比率が低下したといえる。1920年代以降になると外国人特許の件数も増加する（技術導入が進む）が、内国人特許の登録も引き続き拡大するので外国人特許比率は平均32％となった。

　外国人特許の国別の分散をみると、1901-1940年の全体を通して、アメリカ（254件）、ドイツ（80件）、イギリス（76件）、フランス（31件）の順で多かった。より細かく期間を区切ってみると、アメリカ人の特許は1920年代に登録が多く（110件）、ドイツ人特許は1920年代半ばから1940年にかけて登録が多い（61件）という特徴がある。

　ところで、図3-1では内国人と外国人を特許権者の住所で分類したが、内国人特許の中には、権利者が日本人・法人であっても、発明者が外国人のものがある。このような特許はさらに2つに分類することができる。1つはスポット的な取引により発明に関する権利（特許出願権）を買収して、特許局に対して日本人・法人が自分の名義で出願を行い取得する場合である。もう1つは、長期的な契約により継続的にそれを行う場合である。外国人が発明者である内国人特許は合計で127件あり、いまそれらを権利者ごとにみると、東京電気株式会社が91件（うち89件はアメリカ人、2件はオランダ人の発明）、東京芝浦電気株式会社が10件（すべてアメリカ人発明）、大日本麦酒株式会社が13件（すべてアメリカ人発明）、三菱商事株式会社が5件（すべてイギリス人発明）、徳永芳治郎が5件（すべてアメリカ人発明）、旭硝子株式会社が1件（フランス人発明）、日本硝子工業株式会社が1件（アメリカ人発明）、飯塚半衛が1件（ドイツ人発明）であった。これら外国人発明の特許が登録された時期をみると、1915件に1件、1918年に1件、1920年に1件、その後1921-1930年は61件、1931-1940年には63であった。東京電気と東京芝浦電気（東京電気と芝浦製作所が1939年に合併）は、米GE（General Electric Company）から電球硝子に関する技術導入を受けて

おり、1920年代以降、導入した技術を自社名義で取得していた。(28) それ以外の外国人発明の特許は、スポット的な技術導入であったと考えられる。

このように、特許権者が日本人・法人であっても外国人発明のものがあるので、先に見た外国人特許による技術導入の件数を補正すると、内国発明に基づく特許が916件、外国発明に基づく特許が604件となり、外国特許（発明）比率は39.7％となる。全期間を通して約4割の特許は外国発明に基づくものであり、初期だけではなく、1920年代以降も継続的にガラス関連技術が日本に導入されていたことがわかる。日本人の発明には、そのような技術導入を改良して実施する中でなされたものも含まれていた。

(3) 大阪人のガラス関連特許

次に、内国人特許1,043件を住所（道府県レベル）で分類して大阪のガラス関連特許の規模を明らかにしよう。特許権者は必ずしも1人であるわけではなく、権利者が複数いる場合は、筆頭の権利者の住所により分類した。その結果、大阪が443件（内国人特許に対する割合は42.5％）と最も多く、次いで東京が304件（同29.1％）、神奈川が143件（同13.7％）であり、これら2府1県で890件、全体の85.3％を占めた。ガラス産業においては大阪の企業家が保有する特許が最も多く、発明と企業者活動が活発であったことがわかる。

しかしこの数字は40年間を通しての数字である。登録件数を5年ごとに区切って推移を明らかにしたものが図3-2である。大阪人のガラス関連特許の新規登録件数は1901年から1925年まで5年ごとに10件、37件、50件、66件、そして76件と次第に増加している。他方で、大阪以外の府県の特許も増加したので、全国に占める大阪人特許の比率は低下した。比率の推移を詳しく追うと、1901-1905年は11件中10件が大阪人の特許で、その比率は90.9％であった。しかし、1906年から5年ごとに78.7％、74.6％、60.0％と低下し、1921-1925年には45.2％と半分以下となった。1926年から1935年になると大阪人特許の新規登録件数は減少し、比率も平均33.2％にまで低

---

(28) 西村成弘『国際特許管理の日本的展開—GEと東芝の提携による生成と発展—』有斐閣、2016年。

第 3 章　大阪のガラス産業と特許

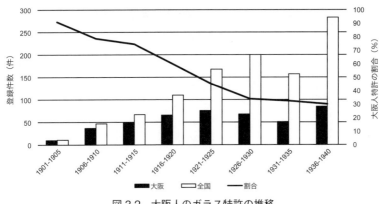

図 3-2　大阪人のガラス特許の推移

出所：『特許公報』『特許発明明細書』各号より作成。

下した。1935 年以降は登録件数が増加するが、内国人全体も増加するので、大阪人特許の比率は 30％にまで低下した。このような特許登録の動きをさらに詳しく技術分類ごとにみていこう。

表 3-4 は、1901-1940 年に登録された 1,043 件の内国人特許の技術分類の分布を、大阪と大阪以外の府県のものに区分し比較したものである。表中の網掛けしている分類が、大阪人特許の割合が 50％を超えているものである。「硝子栓製造機」は 2 件しかないが、すべて大阪人特許であった。大阪人特許の割合が 80％を超えているものは、「硝子球製造器」と「硝子環製造機」、そして「硝子壜口成形機」であった。「魔法壜製造機」、「硝子コップ製造機」、「硝子釦製造機」も比率が 70％を超えていた。他方で、ガラスそのものの発明に関する特許（「硝子」）は、大阪以外のものが 300 件あるのに対して大阪人の特許は 115 件（27.7％）と少ない。また、「電燈製造機」の特許はほとんど大阪以外（神奈川県）のもので、大阪のシェアは 5.4％しかない。同じく、「硝子線製造機」（これは電球内のガラス部品に関する発明）の特許の比率も 11.4％と低い。つまり、大阪が優位を持つ特許の分類は、ガラス瓶やコップのほか、珠玉（ガラス玉）、ガラス素地、模造宝石、ガラス釦、南京玉、マーブル玉、模造真珠・人造真珠、光珠・金引光珠、腕環、魔法瓶といった二次加工品に関するものであった。

表 3-4 大阪ガラス特許の技術分類（比較）

(件，%)

	分類	大阪		大阪以外		全国	
156-1	硝子	115	27.7	300	72.3	415	100.0
105-1	硝子壜製造機	85	62.5	51	37.5	136	100.0
105-14	雑種硝子品製造機	60	59.4	41	40.6	101	100.0
105-6	硝子環製造機	46	86.8	7	13.2	53	100.0
105-7	硝子球製造機	35	87.5	5	12.5	40	100.0
156-2	硝子窯	34	48.6	36	51.4	70	100.0
105-5	硝子コップ製造機	17	77.3	5	22.7	22	100.0
105-9	硝子板製造機	11	39.3	17	60.7	28	100.0
105-3	硝子壜口成形機	9	81.8	2	18.2	11	100.0
105-12	円筒硝子製造機	8	38.1	13	61.9	21	100.0
105-2	魔法瓶製造機	7	77.8	2	22.2	9	100.0
105-10	硝子釦製造機	5	71.4	2	28.6	7	100.0
105-13	電燈製造機	5	5.4	88	94.6	93	100.0
105-8	硝子線製造機	4	11.4	31	88.6	35	100.0
105-4	硝子栓製造機	2	100.0	0	0.0	2	100.0
	合計	443	42.5	600	57.5	1,043	100.0

出所：『特許公報』『特許発明明細書』各号より作成。

このような特徴もまた、40年間を通期でみたときのものなので、5年ごとに時期を区切って、大阪の企業家のガラス関連特許の変化をみる必要がある。表3-5は大阪と大阪以外に区分したうえで、それぞれのガラス関連特許の変化を比較したものである。大阪が優位性を持つ分野の新規登録件数（技術開発のうごき）をみると、ガラス瓶製造機（「硝子壜製造機」）に関する大阪人の特許は、1906年から1925年にかけて多く登録され、その後の登録は少なくなる。大阪以外の場合では、1920年から1930年にかけて登録が多くなる。「硝子球製造機」の特許の登録のピークは1916年から1925年までの10年間であり、「硝子環製造機」も同様にピークが同じ10年間にあった。つまり、大阪が優位性を持つ分野での技術開発のピークは、大正期であったといえる。他方、ガラスそれ自体の発明（「硝子」）については、大阪においても1920年代以降に特許登録件数が拡大するが、大阪以外の登録件数の伸

表3-5 大阪ガラス特許の技術分類分布の変化（比較）

(件)

分類			1901-1905	1906-1910	1911-1915	1916-1920	1921-1925	1926-1930	1931-1935	1936-1940	合計
156-1	硝子	大阪	5	6	3	16	20	24	19	22	115
		大阪以外	1	3	5	11	37	67	73	103	300
105-1	硝子壜製造機	大阪		20	17	3	17	7	9	12	85
		大阪以外		3	2	8	15	18	4	1	51
105-14	雑種硝子品製造機	大阪		5	12	4	5	9	7	18	60
		大阪以外			1	2	4	8	3	23	41
105-6	硝子環製造機	大阪			2	11	14	5	5	9	46
		大阪以外				4	2	1			7
105-7	硝子球製造機	大阪			4	11	11	2	2	5	35
		大阪以外					2		1	2	5
156-2	硝子窯	大阪	3		1	6	5	9	2	8	34
		大阪以外		2	2	9	9	4	7	3	36
105-5	硝子コップ製造機	大阪		1	7	4	1	2		2	17
		大阪以外				1	2			2	5
105-9	硝子板製造機	大阪	2		3	6					11
		大阪以外		1	2		2	3		9	17
105-3	硝子壜口成形機	大阪		3		1		2	2	1	9
		大阪以外		1				1			2
105-12	円筒硝子製造機	大阪			1	2	2		2	1	8
		大阪以外			4	3	3	1	1	1	13
105-2	魔法瓶製造機	大阪				2			2	3	7
		大阪以外			1			1			2
105-10	硝子釦製造機	大阪		2						3	5
		大阪以外						1		1	2
105-13	電燈製造機	大阪						5			5
		大阪以外				2	16	27	16	27	88
105-8	硝子線製造機	大阪					1	2		1	4
		大阪以外				4			1	26	31
105-4	硝子栓製造機	大阪						1	1		2
		大阪以外									0
	合計		11	47	67	110	168	200	157	283	1,043

出所：『特許公報』『特許発明明細書』各号より作成。

びが大きい。例えばこの時期、電球用ガラスでは鉛ガラス、ソーダカリ鉛ガラス、ソーダ石灰鉛ガラス、ソーダ石灰、マグネシアガラスの研究開発がなされ、艶消しガラス、昼光色バルブ、カナリヤ電球なども開発されたが、大阪は遅れていた。[29]「電燈製造機」についても大阪での発明はほとんどない（大阪電球によるものが 4 件）。1920 年以降に大阪以外で増加するが、これはほとんどが東京電気によるアメリカからの技術導入であった。

　大阪と東京のガラス関連特許の登録傾向の違いをまとめると、明治期までは大阪がガラス関連技術の開発の中心地であったが、大正期に入ると急に衰退し、東京や神奈川において技術導入や技術開発が活発になり、ガラス関連特許が増加した。このような違いは、大阪と東京のガラス産業の性格の違いに起因する。大正時代に入ると、東京や神奈川でのガラス生産が拡大して東日本の需要を満たすようになり、大阪のガラス産業は国内市場ではなく海外市場に販路を見出し、輸出を強化するようになった。つまり、「東京の硝子工業は内需が中心であったのに対し大阪は特に輸出需要が大きいのが特徴」[30]となり、このようなマーケットの違いが技術開発の違いを生んだ。東京のガラス産業は国内市場向けの良質なガラス食器、電球、需要は少ないが技術が求められる特殊品の生産を行うようになり、技術導入や研究開発が推進され、関連特許も多く生み出されるようになった。他方、大阪は新技術の開発に資源を投入するのではなく、「技術的にも価格低廉で大量生産のできる製品を作る方向に進」[31]んだのである。

4　特許制度の利用

　前節では大阪のガラス産業の発展を、特許登録件数から明らかにした。その中で、大阪のガラス産業では明治期までは技術開発が活発であったが、大正時代になり輸出産業の特徴が強まると他の府県に比べて不活発になること

---

(29)　杉江『日本ガラス工業史』258-260 ページ。
(30)　阿部猛・落合功・谷本雅之・浅井良夫（編）『郷土史大系　生産・流通（下）―鉱山業・製造業・商業・金融―』朝倉書店、2020 年、151 ページ。
(31)　赤木「わが国とくに大阪のガラス工業」76 ページ。

が明らかとなった。本節では個別の事例を取り上げ、そのような動きを跡付けるとともに、企業家がどのように特許制度を利用し事業を行ったのかをみていく。

(1) 徳永硝子製造所

徳永硝子製造所を創業した徳永玉吉は、1877年に品川硝子製作所に第1期伝習生として入所した。技術を身に着けた玉吉は翌年末に大阪に戻り、1879年に伊藤の日本硝子会社に工場長として入社した。そして翌年には独立して徳永硝子製造所を創業した。玉吉は積極的に企業家活動を展開しようとしていたのだが、1893年6月に34歳の若さで死去してしまう。製造所の工場は同業者の山本為蔵に3か年賃貸されたのち、1896年8月から再開された。残された徳永きみ子、芳治郎（長男）、豊次郎（次男）、秀三（三男）、善四郎（四男）、栄二（娘婿）が協力して経営を始めたのである。1905年3月には芳治郎に家督が相続され、その後経営が拡大し1937年1月に徳永硝子株式会社（資本金300万円）となった。

徳永硝子関連の特許や実用新案にかんして、杉江（1950）によると、同所は技術や装置の改良に力を注いだ結果特許約80件、実用新案約70件を取得したとある。実際に特許データをみると、第105類と第156類に分類される特許以外のものも含めて、82件あった。図3-3は、徳永硝子関連特許の登録件数の推移を示したものである。5年ごとにみると、1911-1915年の登録が最も多く32件であった。他方、1930年代は10件と少なく、第2節でみたように大正期前半までの技術開発が活発であった。1909年より前に登録されたものは判明しないのだが、徳永硝子関連特許の発明者をみると、1910-1915年の間に登録された特許33件のうち豊次郎のものが30件、芳治郎のものが3件であった。

徳永硝子製造所において最も発明を多くなしたのは、次男の豊次郎であっ

---

(32) 吉村『徳永硝子七十年史』16-18 ページ。
(33) 吉村『徳永硝子七十年史』23 ページ。
(34) 杉江『日本ガラス工業史』188-190 ページ。

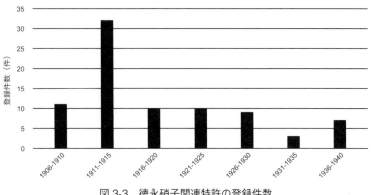

図 3-3　徳永硝子関連特許の登録件数
出所：『特許公報』『特許発明明細書』各号より作成。

た。豊次郎には発明の天分があり、1906年5月にはカット・グラス・バングル（ガラス腕輪）の製造方法を発明した。この時はすぐにバングルの事業化には至らなかったが、第1次世界大戦がはじまりヨーロッパからの供給が途絶したインド市場向けの輸出が急拡大して大きな利益を得た。さらに豊次郎は、1907年9月に機械製瓶の方法（徳永式広口製瓶機）を発明して特許を取ったが、これは日本初の製瓶特許と言われている。つづいて徳永式細口製瓶機も開発した。1910年8月になると、徳永式半人工半機械製瓶方法を発明し特許を得た。この機械は均一な大きさの瓶を製造することができた。このように豊次郎は1910年代まで徳永硝子製造所の技術開発の中心人物であり、その成果はガラス瓶製造事業の拡大に大きく貢献した。しかし、1913年ごろになると豊次郎は独立して西九条で独自に徳永豊次郎硝子製造所を経営するようになる。

豊次郎以外にも、技術開発の努力がなされ成果もあらわれていた。1914年12月には、ペールグリーン（薄黄色瓶）の製造装置で特許を得た。この

---

(35)　吉村『徳永硝子七十年史』70-72ページ。
(36)　吉村『徳永硝子七十年史』88ページ。
(37)　吉村『徳永硝子七十年史』71-72ページ。
(38)　吉村『徳永硝子七十年史』73ページ。

技術を用いると瓶の模様をはっきりとさせることができる。この技術は秀三と善四郎の協力で1914年半ばから製造可能となった。ペールグリーンも第1次世界大戦をきっかけに輸出が急拡大した。[39] 1922年には秀三がフリントグラス（透ガラス）の製造に成功した。[40] 1928年2月になると、ジーメンス式溶融窯で無色ガラスを製造することに成功し、透明色ガラス瓶を製造できるようになった。この技術はそもそも秀三の研究で大量生産に成功していたがさらに完成の域に達し、1929年から製造が開始され海外で好評を得た。[41]

　ガラス瓶製造技術では、常に海外先進国の技術研究を行い、積極的に技術導入を行った。自動製瓶機の導入にあたっては、1922年に徳永栄二と善四郎がアメリカに渡って自動製瓶法を調査し、6月にリンチ式およびミラー式製瓶機を買い入れた。また、ハートフォード・エンパイヤー式素地自動供給機の特許を買収して、全自動製瓶法の設備を改修し、1923年から全自動式でガラス瓶の製造を開始した。[42] もちろん、機械を買ってきて据え付けてもすぐに動くわけではなく、調整に多大な労力を注ぎ、技術的な工夫も行い、1923年夏ごろにようやく稼働した。1924年6月には、アメリカに注文していた1升瓶級の大瓶の自動製瓶機（ガロンマシン）が大阪に到着し、工場の窯を改良して据え付け、苦労の末ようやく10月に稼働させた。これは日本初の、自動製瓶装置による大瓶の大量生産であった。[43]

　ところで、前述のように、徳永硝子関連特許には、アメリカ人の発明を徳永の名前で登録したものがある。上記の特許買収に加えて、徳永は1932年に2件（第94,644号「鋳型に熔融硝子を供給する装置」、第94,645号「重量又は形状を異にする熔融硝子塊の供給装置」）、1935年、36年、37年に各1件（それぞれ第110,667号「復熱装置」、第114,129号「溶融爐」、第120,293号「硝子器の高速度製造法」）の外国人発明の特許を取得した。これらはいずれもガラス瓶の製造にかかわるもので、常に海外の技術開発に注意を向

---

(39)　吉村『徳永硝子七十年史』83ページ。
(40)　吉村『徳永硝子七十年史』101ページ。
(41)　吉村『徳永硝子七十年史』117ページ。
(42)　杉江『日本ガラス工業史』188-190ページ；吉村『徳永硝子七十年史』104ページ。
(43)　吉村『徳永硝子七十年史』113-114ページ。

け、必要なものがあればスポット的に購入していた。

徳永硝子はまた、板ガラス製造を事業化するため、技術導入を行った。1933年1月に再び善四郎と末吉がアメリカに渡り、4月に最新式自動板ガラス冷却窯、その他型板ガラス製造に必要な諸機械の特許を獲得した。加えて、アムコ式スーパーヒーターガラス熔融炉、ハードフォード式自動緩冷窯、ハートフォード式アイエスマシン（少量の注文でも合理的に生産できる自動機械）の特許も獲得した。[44] 獲得した特許技術の企業化に際しては、三井物産常務安川勇之助からの強い要請があり、1934年1月に三井物産と共同で徳永板硝子製造株式会社（資本金150万円）を設立し、板ガラス工場を尼崎に配置し、1935年2月に生産を開始した。1937年になると、善四郎、道治、敬仁が三度渡米し、フルコール式透明板ガラス製造に関する機械と付属品を購入した。これら購入した機械により板ガラス生産の拡大を図るため、徳永板硝子製造株式会社を250万円に増資して工場を増築した。[45]

ところで、徳永硝子製造所はどのように特許制度を使ったと評価できるだろうか。第1に、徳永硝子関連特許の権利者（保有者）は、ほとんどすべて徳永芳治郎（社長）の個人名義であった。当初豊次郎の名義で登録された特許も、1913年に芳治郎に譲渡登録された。[46] これは豊次郎が独立して徳永硝子製造所から抜けたからと考えられる。1939年になると法人名義となり、徳永硝子株式会社、徳永板硝子製造株式会社の名義で特許が登録された。発明者はほとんどすべて豊次郎か芳治郎であった。したがって、特許管理の観点から見た場合、徳永硝子製造所は個人経営のスタイルであり、発明者と企業家が同一（同族）であったといえる。

また、特許の使い方を見ると、特許を用いて産業独占を行うのではなく、ガラス産業の成長のために他社と権利を共有することもあった。1924年ごろ、大阪製壜所が、徳永硝子が獲得したハートフォード式装置の特許権分譲（共有）を願い出た。交渉の結果、1926年3月2日に契約が成立し、徳永硝

---

(44) 吉村『徳永硝子七十年史』123-124ページ。
(45) 吉村『徳永硝子七十年史』150-151ページ。
(46) 『特許公報』第83号、1914年4月4日。

子は大阪製壜所が発行した新株を対価に特許を共有し、秀三が大阪製壜所の役員に就任した。(47) つづいて、島田硝子製造所からもハートフォード式装置の特許権分譲の申し込みがあった。島田にとっては厳しい交渉だったようだが、同様に新株を発行して徳永硝子に割当てる契約を1927年12月22日に締結した。(48) もちろん特許に基づいて市場独占を行うこともできたと思われるが、特許共有が合理的であるといえる条件が客観的に存在した。大阪における大規模なガラス工場は、板ガラスとビール瓶の工場を除けば徳永硝子製造所と島田硝子製造所のみで、しかも、徳永硝子はガラス瓶、島田硝子はガラス食器とコップと直接に競争しない状況にあった。このような市場構造のもとでは、相互に市場を棲み分けた上で特許を共有して業界の発展をはかることは十分可能であった。ただし、徳永硝子が共有に際して大阪製壜所と島田硝子の株式を取得し、経営に関与することでより市場構造を安定的なものにしようとしたことは注目すべき点である。

(2) 島田硝子製造所

　島田硝子関連特許は、島田孫市によるものと、後継者である島田一郎（長男）によるものの11件がある。そのうち、1905年と1906年に登録されたものは第8,638号「浮輪兼生地採取口（硝子熔解槽用）」、第8,698号「硝子溶解窯」、第10,766号「硝子器製造機」、第11,004号「硝子器周縁修整機」、第11,189号「硝子焼切機」の5件で、すべて孫市が特許権者であった。その後しばらくは特許登録はなく、1921-25年になると孫市と一郎がそれぞれ1件ずつ、すなわち第50,809号「硝子熔融窯装置」（孫市）、第65,298号「光彩硝子製造方法」（一郎）を取得した。1926-30年になると一郎を権利者として第74,673号「古代陶器模様の色彩硝子製造法」、第74,759号「内面に凸凹模様を有する硝子器具の製法」、第78,467号「硝子熔融窯」、第78,468号「硝子器焼鈍用連続窯」の4件が登録された。このような特許登録の動きを孫市の企業者活動と合わせると、どのような技術開発が行われ、どのように特許制度が利用されたかがわかる。

---

(47)　吉村『徳永硝子七十年史』115-116ページ。
(48)　吉村『徳永硝子七十年史』116ページ。

島田孫市は、1879 に品川硝子製造所でイギリス人技師スピートから洋式吹きによるガラス食器の生産を指導され、調合法など秘伝も伝授された。さらに技師エリジャー・スキットモールから坩堝の生産技術も習った。孫市は板ガラスの生産技術の開発に注力し、ガス燃焼方式併用の延展窯やあぶり窯、タンク窯によるガラス生地の溶解試験の結果、1902 年に板ガラスの生産に成功した。1905 年 6 月からベルギーに出かけてガラス工業を視察し、機械の設計図を購入する手立てをして帰国した[49]。このような中で、孫市は 1905 年と 1906 年に窯や製造装置に関する特許を得た。1906 年になると、三菱財閥の岩崎俊弥と意気投合し、本格的な板ガラス生産を行うため、大阪島田硝子製造合資会社（岩崎が社長、孫市が副社長）を設立した[50]。孫市は同社での板ガラスとガラス製品の製造販売を行うため、益田熊太郎の特許 5 件を会社に移転し、孫市の特許 5 件も同社に移転した（いずれも 1907 年に譲渡登録）[51]。しかし岩崎との間で意見の対立があったことや、日露戦後の不況、1907 年に岩崎が旭硝子会社を設立したことによって対立が深まり、1908 年 10 月に孫市は会社から退いた[52]。その際、会社に移転した特許のうち、3 件を取り戻した[53]。

　会社を退いてから、孫市は 1908 年 11 月に大阪市北同心町に仮工場を設けてガラス食器の生産を開始し、翌年 6 月からは新工場で操業を開始した。事業は順調に拡大し、孫市はレトルト式ガス燃焼るつぼ窯を発明して 1911 年に第 2 工場に設置し、さらに輸出が拡大したために 1913 年に分工場を設置

---

(49)　東洋ガラス 100 年の歩み編集委員会『東洋ガラス 100 年の歩み』東洋ガラス株式会社、1988 年、6-8 ページ。
(50)　東洋ガラス 100 年の歩み編集委員会『東洋ガラス 100 年の歩み』8 ページ。
(51)　『特許公報』第 1069 号、1907 年 2 月 19 日、第 1102 号、1907 年 6 月 13 日、第 1166 号、1907 年 12 月 19 日。なお、益田熊太郎は 1901 年 9 月から 1902 年 12 月まで農商務省からブリュッセルに派遣されていた海外実業練習生である（木山実「海外実業練習生終了者氏名」および「海外実業練習生採用規定」（農商務省商工局『海外実業練習生一覧』〈大正 2 年 12 月 1 日現在〉所集）』『商学論究』65 巻 4 号、2018 年、62 ページ）。
(52)　東洋ガラス 100 年の歩み編集委員会『東洋ガラス 100 年の歩み』8 ページ。
(53)　『特許公報』第 1274 号、1908 年 11 月 26 日。

し、食器生産と輸出に注力するようになった。

　孫市が再び特許を登録するようになるのは1923年で、かなり時間が空いている。しかしその間も技術開発は進められており、1918年6月には銅赤ガラスを開発し、1919年4月にはカレット処理方法を改善して無色透明のガラス生地の生産に成功した[54]。これらは特許にはなっていないが、実用新案として登録されている可能性もある。特許データから見ると、1920年代後半以降の発明は色彩ガラス、光彩ガラスの製造に関する発明とガラス窯に関する発明であった。

　色彩ガラスやガラス窯に関する技術開発をしつつも、社業の中心はガラス食器とコップの自動機械による大量生産にあった。1925年11月13日に株式会社島田硝子製造所（資本金100万円、社長は孫市）が設立され、個人企業ではなくなった。1925年10月から新工場建設に着手し、1926年5月に完成した。この工場では自動機化によるガラス食器の大量生産を進める方針であった。しかし、1927年1月19日に孫市が66歳で急逝し、一郎が社長に就任した[55]。社長を引き継いだ一郎は、かねて進められていた自動化を実現するため、1927年7月に、自動機の稼働に不可欠なハードフォード・エンパイアー社の特許の共有について徳永硝子と交渉に入り、前述の通り正式調印した。調印後、一郎は自らアメリカに渡り、最新設備の調査を行った。その結果、1927年12月にエドワード・ミラー社の全自動押型機（約2万ドル）、フェデラルガラス社のシンプレックス式Ｕタイプタンク窯の設計図（約2,500ドル）を発注し、1928年6月に全自動押型機が到着した。徳永硝子の応援を得て窯とレイヤーの築炉工事を開始し、購入した装置を据え付けた。同年8月にはこの新しい第3工場に火入れし、年末には本格的な操業体制が整った。さらに1929年4月には第2号タンク窯に火入れし、コップと広口瓶の自動機による大量生産を開始した[56]。

　そもそも島田孫市および島田硝子製造所に関連する特許は少ないのだが、

---

(54)　東洋ガラス100年の歩み編集委員会『東洋ガラス100年の歩み』14ページ。
(55)　東洋ガラス100年の歩み編集委員会『東洋ガラス100年の歩み』21-22ページ。
(56)　東洋ガラス100年の歩み編集委員会『東洋ガラス100年の歩み』24-26ページ。

新規事業である大阪島田硝子製造合資会社の設立と板ガラス生産にむけて、孫市は研究開発に注力し、その結果を特許登録した。さらに益田熊太郎の特許も動員し、事業を立ち上げようとした。しかし、その試みが失敗して輸出を主体としたガラス食器・コップの大量生産が軌道に乗ってからは、以前に比べ技術開発に注力しないようになったといえる。

(3) 大井徳次郎と腕環輸出

前出表3-4および表3-5によると、「硝子環製造機」に関する特許には大阪の企業家のものが圧倒的に多く、特に1916年から1925年の10年間に多い。そのような特許に基づいて製造されるガラス腕環はほとんどすべて輸出向けで、90％はインド向けであった[57]。

ガラス腕環（バングル）で著名なのは、徳永豊次郎である。徳永は輸出向け腕輪製造に最も早く着目し、1906年に切子腕環（カット・グラス・バングル）の製造装置を発明して特許を得た。徳永硝子製造所の製品は、第1次世界を契機にインド方面に輸出され好評を博した（前出）。

ガラス腕環でもう一人注目すべきは、光珠商であった大井徳次郎である。大井は1912年に合名会社大井硝子製造所を堺市に設立した。大井は細泡線腕環（シルク・バングル）の製造方法を開発し、特許を取得している[58]。大井の特許登録状況を確認すると、1911-1915年に3件、1916-1920年に10件、1921-1925年に10件、そして1926-1930年に2件の合計25件であった（共有特許を含む）[59]。大井は重要な特許と実用新案を保有しており、ガラス腕環製造者は大井（および山野傳次郎）の特許のライセンスのもとで製作されていた[60]。

しかし、ガラス腕環の製造は小資本でも参入可能で、多くの零細業者が製造を行っていた。そのような中で問題となったのが粗製乱造問題である。

---

(57) 杉江『日本ガラス工業史』420ページ
(58) 特許第29,772号と第35,037号であると思われる。この特許は1916年と1919年に山野傳次郎と共有登録された。『特許公報』第442号、1921年11月4日。
(59) ただしこれは特許だけであり、大井は他に重要な実用新案権を保有していることに注意が必要である。
(60) 杉江『日本ガラス工業史』420ページ

1915 年になると、重要な市場である対インド向け輸出品で粗製乱造による品質低下が発生した。重要特許をもつ大井は粗製乱造を行う模倣者を権利侵害で訴え、輸出されるガラス腕環の品質管理を行おうとした(61)。しかし、侵害者も大井のもつ特許の無効審判を請求するなど、混乱が起きた(62)。特許・実用新案のライセンスや権利行使だけでは品質管理ができないことをみて、大井は 1917 年 10 月に日本特許硝子腕環共同販売所を設置し、同一商標でガラス腕環を販売するようにし、品質を維持しようとした。しかし、第 1 次大戦後の不況時に協定を無視する者が出現し、共同販売による管理は 1920 年 10 月に廃止されてしまった。ようやく、1926 年 3 月に日本硝子腕環工業組合が設立され、業界は安定することができた(63)。

　ガラス腕環における大井の動きから特許制度がどのように利用されたのかをみると、零細企業が多く競争的な市場において特許と実用新案のライセンスや権利行使によって輸出製品の品質管理を行おうとしたことがわかる。しかし、ライセンスや権利行使のみでは十分ではなく、組合が設立されてようやく解決した。なぜライセンスや権利行使だけでは品質管理が難しかったのかについては、別途検討する必要あるが、徳永硝子や島田硝子の事例と比較すると、市場構造が大きく異なっていることが大きなヒントになろう。ガラス瓶市場やガラス食器・コップ市場は寡占的市場であったが、ガラス腕環の市場は、小規模な製造業者が多く参入し、競争的な市場であったのだ。

5　まとめ

　大阪はガラス産業の中心地であった。しかし、産業発展と特許活動との関係は一様ではなく、産業の構造の変化とともに発明活動や特許制度の利用のし方が変化した。

　明治期から大正初期まで、大阪は国内市場にも輸出市場にも製品を供給していた産業の中心地であった。この時期は発明活動も活発で、大阪の企業家

---

(61)　「硝子腕環輸出好望：戒心すべき粗製乱造」『大阪朝日新聞』1915 年 7 月 9 日。
(62)　「硝子腕環の競争」『大阪毎日新聞』1915 年 7 月 23 日。
(63)　杉江『日本ガラス工業史』420-422 ページ

は圧倒的多数の特許を登録していた。しかし、東京でガラス生産が活発になり国内市場が東京とその周辺の製造業者によって供給され、大阪のガラス産業が輸出向けの生産を増加させると、発明活動は低調になり、特許登録件数の伸びは小さくなった。ガラスは代表的な輸出製品であり、外国市場向けであることから、特許はむしろ安価な製品の大量生産技術に関連するものとなった。

　ガラス産業発展の中で、企業家によってどのように特許制度が利用されたかをみると、徳永硝子と島田硝子が相互に相手の得意とする市場での活動を認めつつ、特許を共有して市場の安定的な成長を図ろうとする動きがあった。他方、ガラス腕環の事例にみられるように、粗製乱造を防ぎ品質を一定に保持するため、特許（実用新案）を用いることがあった。しかし、ライセンスや権利行使のみで品質を管理することには限界があった。このことは、特許権による市場コントロールが実現しやすい市場構造と、そうでない市場構造があることを示唆しているものと考えられる。

第4章

近代朝鮮の海藻貿易と大阪
――テングサとフノリを中心に――

石　川　亮　太[*]

1　はじめに

　東アジアの開港場体制は工業化に伴う近代商品の貿易を促しただけでなく、開港場体制の成立以前から存在する在来商品の貿易も促進した。そうした貿易を通じて、アジアの伝統的な消費構造に根差し、アジア人商人によって支えられた、近代アジア市場が成立したのである[(1)]。その中で朝鮮については、植民地化の経済的背景を明らかにするという関心から、日本の工業化に伴う貿易構造の再編成、いわゆる「綿米交換体制[(2)]」の成立過程が注目されてきた一方、開港以前からの伝統的な貿易品の動向についてはあまり注意されてこなかった。しかし工業化や近代化によって伝統的な消費構造が一気に変化したのではない以上、開港以前からの商品貿易も何らかの形で継承されたと見るのが自然である。そうした在来商品の貿易が開港後にどのような意味を帯びて継続したかを考えることは、両国関係の変化を長期的な視野で考えるうえで意味のある視点だと言えよう[(3)]。

---

[*]立命館大学・経営学部・教授
(1)　杉原薫『アジア間貿易の形成と構造』ミネルヴァ書房、1996年、27〜29ページ。
(2)　村上勝彦「植民地」大石嘉一郎編『日本産業革命の研究　下』東京大学出版会、1975年、232〜255ページ。
(3)　近代朝鮮と日本の経済関係について在来と近代の併存という視点から接近した研究として林采成『飲食朝鮮』名古屋大学出版会、2019年、が挙げられよう。

89

ここでは、そのような商品の一つとして海藻、とりわけ日本で在来産業の原材料として需要されたテングサとフノリについて取り上げる。テングサは寒天の材料であり、フノリは織物や建築用の糊料として用いられた。重要なことはこれらが少なくとも近世以来、朝鮮からの輸入品の一つとなっていたことである。例えば寺島良安『和漢三才図会』（1712年）はフノリ（鹿角菜）について「曝し乾かして用いるとき、煮て糊にする」とし、「肥前の五島の産を最上とする。朝鮮のものがこれに次ぐ」として多くの国内産地よりも朝鮮を先に置いている。日本人が朝鮮のフノリを用いることは朝鮮でも知られており、儒者丁若銓は『茲山魚譜』（1814年）の中で「日本人がフクロフノリと本品〔マフノリ〕とを買い求めてたびたび商船を送ってくるのは、布の糊付けに用いるためだと言う」とする。

　朝鮮から日本への海藻輸出については、外務省による倭館接収（1871年）前後の状況に注目して既に検討したことがある（以下、前稿）。そこでは1876年の日朝修好条規締結以後も海藻が重要な対日輸出品の一つであったこと、日本に仕向けられた海藻の主な集散地は大阪であったこと、釜山の居留日本人商人にも大阪への海藻輸出を足掛かりとして成長した者たちがいること等を確認した。これを踏まえて本稿では、開港から植民地期にかけての朝鮮産海藻について、大阪との関係を中心に検討する。

　第2節では、近代朝鮮における海藻漁業（採藻業）と海藻貿易について統計資料を通じて素描する。第3、4節では海藻のうちテングサとフノリについて、大阪における流通・消費の状況と朝鮮産品の位置づけを検討する。第5節では海藻流通に関わった様々な主体の利害について、海藻検査制度の導入を通じて考える。いずれも日本語による刊行史料を通じた初歩的な分析に止まるが、今後のさらなる検討の足掛かりとしたい。

---

(4)　訳文は『和漢三才図会』（東洋文庫447、島田勇雄・竹島淳夫・樋口元巳訳注、平凡社、1985年）第17巻300ページによる。
(5)　石川亮太「交隣と貿易：開港前後の海藻輸出」岡本隆司（編）『交隣と東アジア：近世から近代へ』名古屋大学出版会、2021年、85ページ。
(6)　石川「交隣と貿易」。

2　近代朝鮮の採藻業と海藻貿易

　近代朝鮮の水産業についての研究は少なくないが、海藻がその中でどの程度の比重を占めていたかに注目したものはない。いくつかの統計をもとに近代朝鮮の採藻業について概観しよう。【表4-1】は1905年から1938年までの漁獲高とそのうち海藻類が占める比率について日本と比較したものである（ただし日本については、沖合・遠洋漁業を除いた沿岸漁獲高に限っている）。ここから少なくとも1920年代まで、朝鮮の漁獲高に占める海藻の比率が日本のそれよりも高かったことが確認できる。

　では採藻業の担い手は誰だったのだろうか。【表4-2】は朝鮮の漁獲高について漁業者の民族別すなわち「内地人（ママ）（＝日本人）」と「朝鮮人」とに分けて示したものである（以下では内地の（ママ）を省略する）。ここから全体の漁獲高については日本人と朝鮮人がほぼ伯仲していたこと、しかし海藻については朝鮮人の独占状態であったこと、そして朝鮮人漁業のなかで採藻業が無視できない比重を占めていたことが分かる。開港後の朝鮮において日本人漁業者の活動が広く展開したことはよく知られているが、採藻業はほぼ一貫して朝鮮人の重要な漁業の一つであった。

　採藻業の地域性についても見てみよう。1935年の海藻類の水揚げ高を整理した【表4-3】を見ると、この年の総額271万7千円のうち全羅南道が98万円（36％）、慶尚南道が83万8千円（31％）を占めており、南部2道の比重が高かったことが分かる。また同じ【表4-3】から海藻の種類を見ると、金額・重量のいずれにおいてもワカメの割合が最も大きかった（金額の29％、重量の41％）。ちなみに日本の場合、同じ1935年の海藻水揚げ高のうち金額・重量とも最も大きな割合を占めていたのはコンブであった（金額の67％、重量の41％）。金額について2位以下も見てみると、朝鮮ではフノリ（金額の26％）、テングサ（同19％）、イワノリ（同6％）の順、日本

---

(7)　吉田敬市『朝鮮水産開発史』朝水会、1954年、をはじめ多くの研究がある。研究状況について石川亮太「日清戦争前後の「朝鮮通漁」と出漁者団体の形成」今西一・飯塚一幸（編）『帝国日本の移動と動員』大阪大学出版会、2018年、注1を参照。

(8)　日本の1935年について『農林省統計表（第17次、昭和15年）』による。

表 4-1　日本・朝鮮の漁獲高比較（期間平均、単位 1,000 円）

	日本			朝鮮		
	沿岸漁獲高	海藻	(％)	漁獲高	海藻	(％)
1905～11 年	64,347	2,858	4.44	n/a	n/a	n/a
1912～19 年	121,282	6,852	5.65	19,801	1,358	6.86
1920～29 年	235,862	11,950	5.07	53,634	3,424	6.38
1930～38 年	184,802	10,531	5.70	63,883	2,589	4.05

出所）日本：1905～29 年『農林省累年統計表：明治六年乃至昭和四年』（農林省大臣官房統計課、1932 年）、1930～38 年『農林省統計表』各年から、「漁獲高」（1926 年以後「沿岸漁獲高」）の数値。沖合・遠洋漁業、養殖業の数値を含まない。
朝鮮：『朝鮮総督府統計年報』（朝鮮総督府、各年）から「漁獲高」の数値。

表 4-2　朝鮮における漁獲高民族別（期間平均、単位 1,000 円）

	「内地人」			「朝鮮人」		
	漁獲高	海藻	(％)	漁獲高	海藻	(％)
1912～19 年	10,386	26	0.25	9,416	1,339	14.22
1920～29 年	27,018	50	0.18	26,616	3,385	12.72
1930～32 年	21,931	50	0.23	25,726	2,441	9.49

出所）表 4-1 に同じ。
注）『朝鮮総督府統計年報』では民族別漁獲高が 1932 年までしか掲載されていない。
　　「内地人」の分には非居住者の漁獲高（いわゆる「朝鮮出漁」）を含む可能性がある。

ではテングサ（金額の 24％）、ワカメ（同 10％）、フノリ（同 9％）の順であった。朝鮮と日本では海藻の自然分布そのものは大きく変わらないにも関わらず、主に文化的・市場的な要因によって利用される海藻に違いがあったことが推測される。

　次に朝鮮産海藻の対日貿易について見てみよう。【図 4-1】は 1885 年から 1938 年までの貿易統計を金額（a）、重量（b）によって整理したものである。1885 年から 1906 年までの朝鮮海関年報では品目が seaweed（海藻）として一括されている。また相手国別の数値も挙げていないので、日本以外の諸国向けも合算した値となっている。保護国期の 1908 年以後は対日輸出（1910

表 4-3　朝鮮の海藻水揚高（金額とその道別内訳および重量、1935 年）

	金額（円）	京畿道	忠清南道	全羅北道	全羅南道	慶尚北道	慶尚南道	江原道	咸鏡南道	咸鏡北道	黄海道	重量（トン）
海藻計	2,716,702	350	105,643	13,865	979,959	211,978	837,655	112,539	28,274	284,500	141,848	84,472,816
わかめ	781,977		6,800	990	112,468	123,579	110,375	93,575	27,407	279,439	27,344	34,405,196
ふのり	714,305		28,700	2,770	470,110	980	130,959	16		986	79,784	2,144,293
てんぐさ	502,307		3,800	470	75,892	40,830	342,694	8,238			30,383	2,996,688
いわのり	155,138	350	43,500	4,080	49,652	32,340	14,954	7,750		410	2,102	162,378
ぎんなんそう	113,961				10,311	5,765	96,652	1,212		21		993,067
さくらさう	71,846				10,563	4,362	56,921					2,181,441
いぎす	33,609				18,517		15,092					453,358
かじめ	22,617				19,767		2,850					9,968,119
あをのり	22,154		7,479		14,675							526,956
のり	19,520		13,874	5,646								6,241
うみほうづき	7,179				7,179							11,777
えご	3,985				24		3,961					29,584
こんぶ	3,278									3,278		339,221
ほんだわら	1,250				1,250							62,500
みる	550				550							42,310
あらめ	150				150							10,000
雑藻	262,876		1,490		190,801	2,172	63,197	1,748	867	366	2,235	30,139,787

出所）朝鮮総督府『朝鮮水産統計』昭和 10 年版
注）　忠清北道、平安南道、平安北道は海藻の水揚げがない。海藻の名称は原史料による。

年以後は移出）に限った値で、品目ごとの値も分かるようになる[9]。

　この図からまず分かるのは、金額におけるノリの急速な増加と比率の拡大である。漁獲高を示す【表4-3】に少額しか現れないノリが移出高で大きく現れるのは、それらが主に養殖ノリだったことを反映している[10]。ノリは朝

---
[9] 1908 年にテングサ（統計項目は石花菜）とフノリ（海蘿）が掲表されるようになり、1910 年からギンナンソウ（銀杏草）が加わった。1917 年からノリ（海苔、1930 年から乾海苔）が加わり、1929 年からはフノリがマフノリ（真海蘿）とフクロフノリ（袋海蘿）に分かれた。これにその他の海藻（其他、1914 年～）を足し合わせることで全体の海藻輸出の規模が分かる。逆に 1913 年以前は個別に掲表されている品目の分しか分からない。
[10] 『朝鮮総督統計年報』の漁獲高統計でも当初「海苔」が計上され、1922 年には 837,401 貫 1,399,935 円に達したが、翌年から立項されなくなる（養殖高統計には現れる）。明記されていないものの、1923 年以後養殖ノリは漁獲高統計の対象から外れたと見られる。

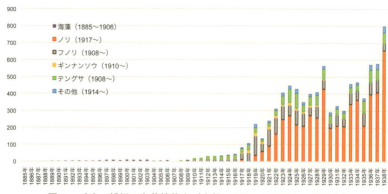

図 4-1 (a) 朝鮮の海藻輸移出（金額、万円、1885～1938年）

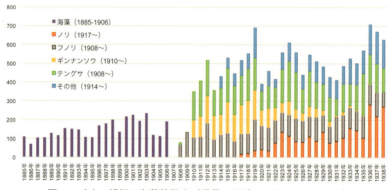

図 4-1 (b) 朝鮮の海藻輸移出（重量、万斤、1885～1938年）

出所）1885-1906年は朝鮮海関年報（*Returns of Trade and Trade Reports*, for each year）、1908年以後は『韓国外国貿易年表』『朝鮮貿易年表』による（1907年『韓国外国貿易年表』は海藻類を掲表せず）。

注）1885-1913年は輸出合計、1914-38年は対日移出のみ。品目の原資料上の名称等について本文注9参照

鮮でも伝統的に食用とされてきたが、植民地期に南海岸で日本向けの養殖業が急速に拡大し、日本におけるノリ食の普及に大きな役割を果たした。[11] 一方で重量について見るとフノリやテングサ、ギンナンソウも重要な移出品であったことが分かる。これらは工業用原料としての性格が強いものであり、

---

(11) 宮下章『海苔の歴史』全国海苔問屋協同組合連合会、1970年、735～771ページ。

ノリと比較した単価の安さもそうした性格を反映したものと言える。また漁獲高で最も大きな割合を占めていたワカメが移出統計においては立項すらされていないことは、それが基本的に朝鮮内で消費されていたことを示している。ワカメは儀礼的な意味も含め朝鮮人の食文化に深く根付いた海藻であった。先のノリやフノリ、テングサなどとあわせて考えれば、同じ海藻といっても日本市場との関係は一様でなかったと言える。

　海藻の移出先について1927年の輸移出品検査の記録から見たのが【表4-4】である。第5節で見るように朝鮮総督府は1913年に海藻検査規則、1918年に水産製品検査規則を定め、朝鮮からの輸移出品について検査を義務付けた。この表から乾海苔を含む海藻類について、金額・重量のいずれも大阪が最大の移出先であったことが確認できる。1938年の水産製品検査所の資料は、朝鮮産海藻の仕向け先について「石花菜〔テングサ〕、銀杏草等少量鮮内に仕向けられる外は幾んど内地に移出せられて居る、内地仕向先を大別すると集散地と消費地との二別となり、集散地として主たる地は大阪である。大阪には検査海藻の七割五分も移出せられ、朝鮮の海藻は幾んど大阪に仕向けられると称して過言ではないであらう」といい、集散地としての大阪の重要性を強調している。

　【表4-5】はこの前後の移出高の推移について、フノリ・テングサだけを抽出して整理したものである。これは貿易統計(『朝鮮貿易年表』)によるもので、検査統計に基づく【表4-4】の数値と完全には一致しない。この表から両品の移出先は次第に分散してはいるものの、大阪の比重が一貫して大き

---

(12)　『朝鮮貿易年表』の輸出の部では1935年から「若布」が立項されているが、日本産（内地産）ワカメの中継輸出を含めての値である。

(13)　国立歴史民俗博物館『昆布とミヨク（わかめ）：潮香るくらしの日韓比較文化誌』(2020年、国際企画展示図録) など。

(14)　小野功一「海藻検査の概要（昭和13年4月）」(朝鮮総督府水産製品検査所『水産製品検査ニ関スル参考資料』1941年所収) 339ページ。小野は1938年当時、朝鮮総督府水産製品検査所釜山支所長・技手であった（国史編纂委員会韓国史データベース、職員録資料、2024年8月9日閲覧）。なおこの史料のいう「海藻」にはノリを含まないが、ノリも日本市場向けに養殖が拡大したことから、事情は大きく変わらないと思われる。

表 4-4 水産製品検査合格品、仕向先別（1927 年）

a）金額（1,000 円）

	輸出計	移出計	長崎県	下関	神戸	大阪	台湾	その他
テングサ（石花菜）	0	466	0	0	0	437	0	29
晒テングサ（晒石花菜）	0	0	0	0	0	0	0	0
マフノリ（真海蘿）	0	122	0	0	0	108	0	15
フクロフノリ（袋海蘿）	0	298	2	5	14	162	0	116
晒マフノリ（晒真海蘿）	0	38	0	0	0	28	0	10
晒フクロフノリ（晒袋海蘿）	0	7	0	0	0	6	0	0
エゴ（礒草）	0	4	0	0	0	2	0	2
オゴ（於期草）	0	2	0	0	0	2	0	1
ギンナンソウ（銀杏草）	1	127	0	0	0	127	0	0
サクラソウ（桜草）	0	95	0	1	0	88	0	7
イギス（小凝草）	0	8	0	0	0	3	0	5
乾海苔	19	2,490	2	15	3	1,979	12	479

b）量目（乾海苔は 1,000 束（1 束＝100 枚）、缶詰は 100 打、他は 100 斤）

	輸出計	移出計	長崎県	下関	神戸	大阪	台湾	その他
テングサ（石花菜）	0	1,881	0	0	1	1,735	0	146
晒テングサ（晒石花菜）	0	0	0	0	0	0	0	0
マフノリ（真海蘿）	0	163	0	0	0	143	0	20
フクロフノリ（袋海蘿）	0	900	5	14	39	502	0	339
晒マフノリ（晒真海蘿）	0	27	0	0	0	19	0	8
晒フクロフノリ（晒袋海蘿）	0	12	0	0	0	11	0	1
エゴ（礒草）	0	41	0	0	0	18	0	23
オゴ（於期草）	0	21	0	0	0	16	0	5
ギンナンソウ（銀杏草）	4	664	0	0	0	664	0	0
サクラソウ（桜草）	1	644	1	4	0	591	0	47
イギス（小凝草）	0	57	0	0	0	22	0	34
乾海苔	14	2,219	1	11	3	1,795	8	402

出所）朝鮮総督府殖産局『水産製品検査成績要覧（昭和二年）』1929 年
注）　原資料の品名は漢字表記でありカナ品名は筆者が補った。原資料ではイギスより上の各項は「海藻」、乾海苔のみ「食用乾製品」に分類されている。

かったことが分かる。また移出元については、海藻産地に近い釜山（慶尚南道）と木浦（全羅南道）が多いことも確認できる。

表 4-5　朝鮮からのテングサ・フノリ移出（移出先港／移出元港別）

	テングサ（石花菜）				フノリ（海蘿）			
	移出計（斤）	移出先（%）	移出元（%）		移出計（斤）	移出先（%）	移出元（%）	
		大阪	釜山	木浦		大阪	釜山	木浦
1923年	1,775,176	82	91	7	1,032,226	50	54	25
1924年	2,118,291	80	89	8	1,124,448	48	60	17
1925年	1,964,736	86	83	15	1,240,374	54	56	27
1926年	1,280,404	85	78	19	1,141,795	62	49	31
1927年	1,874,587	84	90	9	1,078,976	44	62	16
1928年	1,387,622	85	80	14	1,282,315	48	48	27
1929年	1,374,184	78	74	21	913,341	47	37	49
1930年	1,271,331	89	66	25	884,798	48	52	31
1931年	878,761	70	59	27	1,318,171	58	20	61
1932年	1,458,959	73	66	28	1,214,070	44	20	59
1933年	1,150,824	73	71	20	1,109,934	51	23	57
1934年	1,336,619	74	74	12	1,049,647	49	29	43
1935年	2,230,686	53	73	15	1,156,018	48	29	37
1936年	1,572,710	58	78	9	1,082,571	52	32	44
1937年	1,535,075	51	82	2	1,254,678	44	37	32
1938年	1,265,848	41	94	0	773,871	36	43	11
1939年	2,013,134	39	95	0	1,339,223	31	48	5

出所）朝鮮総督府『朝鮮貿易年表』各年
注）『朝鮮貿易年表』で品目ごとに移出元、移出先双方の値が判明するのは1923年以後である。原資料の品名は漢字のみで筆者がカナを補った。フノリ（海蘿）は1929年以後、マフノリ（真海蘿）とフクロフノリ（袋海蘿）に別れているものを合算した。

3　日本のフノリ・テングサ需要と流通機構

(1) フノリについて

　以下では朝鮮産海藻のうちフノリとテングサに焦点を絞って検討するが、それに先立ってこれらが日本でどのように需要され流通していたか、大阪を中心に確認しておこう。

　フノリはスギノリ目フノリ科に属する紅藻の総称であり、代表的なものとしてマフノリ（*Gloiopeltis tenax*）とフクロフノリ（*Gloiopeltis furcata*）が

ある。文献上は布海苔、海蘿、鹿角菜などと表記される。品種によって生育地域に違いはあるが、いずれも主に干潮線よりも上の岩礁で春から夏にかけて採取される。食用とされるほか加熱抽出された粘液が糊料として利用され、化学糊が普及した現在でも、剥がしやすく痕が残りにくい性質を利用して一部の在来産業や文化財修復で不可欠の素材として活用されている。
(15)

糊料用のフノリ原藻は夏季、水を掛けながら天日に晒すことで脱色され固着する。晒加工したフノリを畳大の板状に固めた製品は現在「板フノリ」と呼ばれる。以下では海藻としてのフノリと区別するため、晒加工した製品を布糊と表記しよう。その代表的な用途は織物の糊付けと漆喰壁のつなぎであるが、これらの用途がいつ頃に発生したかは明確ではない。漆喰については、江戸時代初期に都市の建設が活発化するなかで、それまでの米糊に代替する形でフノリなど海藻糊の使用が急速に拡大したという。また織物用の糊としては、中国では古代から絹織物に利用されていたといい、日本でも古くから利用されていた可能性がある。しかし漆喰用と同様、江戸時代における都市化の進展は、商品としての織物生産・流通の拡大を通じてフノリの需要を刺激したと考えられる。

大阪は江戸時代を通じてフノリの集散地であり加工地でもあった。1754

---

(15) 伊藤春恵「伊勢ふのり：三重県のフノリ加工」(『海と人間』23号、1995年)では糊料としての用途として「布の糊づけ」「屏風や軸物の絹地（紗）に糊づけ」「仏像の金箔押し」「建材（漆喰として）」「紙貼り糊」「提灯や唐傘の防湿・艶出し」「皮製品の艶出し」「筆の穂先、水引・元結を固める」「髷やおすべらかしを整える」「頭髪シャンプー」「茶碗・壺などの陶器の下絵描き」「茶碗・壺などの陶器の艶出し」を挙げる。なおフノリの中でもマフノリとフクロフノリでは産地や需要に違いがあるが、本稿では立ち入らない。

(16) フノリの加工法については伊藤春恵「伊勢ふのり」（前掲）参照。現在まで行われている板フノリの製造工程については（株）大脇萬蔵商店（福井市）、（株）八木熊（同）、北村物産（株）（伊勢市）、西七商店（同）ほか現・元製造業者の方々にご教示いただいた。

(17) 山田幸一『日本壁のはなし』鹿島出版会、1985年、は壁用糊料の米から海藻への転換を17世紀の「総塗篭式城郭建設に伴う左官工事需要拡大期」に求め、それによる漆喰壁のコスト低下が町屋を含め白壁で飾られた都市景観をもたらしたとする（84ページ）。

(18) 宮下章『海藻（ものと人間の文化史11）』法政大学出版局、1974年、222ページ。

(宝暦4)年にフノリを取扱い品目の一つとする荒物染草商20人が伊勢講を組織し、1821(文化9)年に和産荒物染草仲間として幕府に公許された。これが1855(安政2)年には荒物染草取扱商と布海苔商に分れて、いずれも大阪の有力商人である尼崎又右衛門の差配を受けることになった。フノリ商の株仲間は明治維新でいったん廃止されたが1871年に再興された。[19]

1879年に27名の商人が取り交わした生晒布海苔商問屋仲間盟約書によれば、仲間の目的は「内国一設〔般カ〕及び朝鮮より産出する生布海苔及び当府下又は他府県下に於て製造せる晒布海苔を引受け売買するを業とす」とされ、荷受問屋に着荷する原藻を同盟仲間で点検のうえ入札にかけて購入する一方、製品の布糊は市街西部の西成郡伝法と幸町、古川の製造業者の組合から仕入れることとされていた。また1885年に改定された生晒布海苔商仲間規約では、仲間商人は原藻を必ず当地の製造業者に製造させ、製品は必ず製造業者の仲間から買い受けることされた。[20] 問屋が製造業者に原料を供給し製品を確保する形で生産を組織化していたことが窺われる。またここから問屋と製造業者が別個に仲間を形成していたことも分かるが、1894年には問屋と製造業者の双方が参加する大阪布海苔商組合が成立した。[21]

製品としての布糊の製造高を見ると、1895年時点の全国製造高は288,706貫であり、うち大阪が167,880貫(58％)を占め、東京23,206貫(8％)、三重16,432貫(6％)と続いていた。下って1936年の全国製造高は190,365貫であり、内訳は大阪62,384貫(33％)、東京36,903貫(19％)、三重16,795貫(9％)であった。製造高は全体的に減少しているが、大阪は依然として卓越した産地であり続けたことが分かる。[22]

---

(19) 大阪絵具染料同業組合(編)『絵具染料商工史』大阪絵具染料同業組合、1938年、376～392ページ。
(20) 大阪絵具染料同業組合(編)『絵具染料商工史』384～387ページ。
(21) 大阪絵具染料同業組合(編)『絵具染料商工史』412ページ。
(22) 『農商務統計表』(第12次)および『農林省統計表』(第13次)、項目名「海蘿」。なお大阪に次ぐ加工地であった東京について、『葛飾区史』(1936年)によれば、布糊は同区上平井の特産であり、1802(享和2)年の年貢割付状に「海蘿漉〔ふのりすき〕運上」が現れる等、江戸時代から板フノリが製造されていた(345ページ)。

(2) テングサについて

次にテングサについて見よう。テングサもフノリと同じく単一の種を指すわけではなく、広く寒天の材料となる海藻を指す。その中で一般にテングサとされるのは、紅藻類テングサ目テングサ科のマクサ（*Gelidium elegans*）であり、日本では磯場の潮間帯に広く分布する。フノリの生育する場所とほぼ重なると言ってよい。文献上は天草や石花菜と表記されることが多い。テングサを煮だして冷やしゼリー状に固めた食品がところてんであり、古くから食用とされてきた。ところてんの凍結・解凍を繰り返して水分を除いたものが寒天であり、1660年頃伏見の料理屋が偶然に製法を開発したと伝わる。運搬が容易で保存性の高い寒天は急速に普及し、その材料であるテングサの需要も伸長した。[23]

寒天の製造には厳しい寒さと乾燥した気候、一定の広さの加工場が必要となる。寒天の製法は1780年代に摂津北部に持ち込まれ、冬季の農間余業として広く行われるようになった。寒天は1750年代から長崎を経由して中国にも輸出されるようになり、19世紀になると輸出海産物として俵物（煎海鼠・鱶鰭・干鮑）やコンブ、スルメに次ぐ大きさとなった。[24] 1830（文政4）年の摂津国における寒天製造人は71人であったが、原藻のうち8割5分を長崎積の細寒天（天突きで糸状に押し出した形で乾燥させた寒天）とし、1割5分を国内向けの角寒天（長方形で乾燥させた寒天）とすることを申し合わせたという。[25] 製造量の相当部分が輸出向けとなっていたことが推測される。

寒天の輸出拡大とともに濫造の傾向も現れたため、摂津の製造業者は株仲間を組織し、フノリの項でも現れた尼崎又右衛門が取締として鑑札を発給することになった。[26] 原藻や製品の流通に関する規制はしばしば変更されたが、

---

[23] 以下寒天の歴史について特記しない限り野村豊『寒天の歴史地理学研究』大阪府経済部水産課、1951年、第3章、第4章。また宮下『海藻』145〜160ページ。
[24] 荒居英次『近世海産物貿易史の研究』吉川弘文館、1975年、187、256、265、334ページ。
[25] 野村『寒天の歴史地理学研究』35ページ。
[26] 野村『寒天の歴史地理学研究』25〜26ページ。

基本的に大根屋小兵衛をはじめとする大阪の藻草寒天問屋の手を経由し、製造業者はこれらに資金の供給を通じて組織されていたようである[27]。天保年間（1831〜45年）になると丹波や信州でも寒天製造が開始された[28]。

明治維新を迎えて尼崎家の取締が廃止された後、大阪の問屋は1873年に藻草寒天商組合を組織した。1879年には39人が藻草寒天商問屋仲間盟約を結んだが、そのうち12人は同じ年に結ばれた先述の生晒布海苔商問屋仲間盟約にも名を連ねており[29]、テングサ商とフノリ商がある程度重なっていたことが分かる。この盟約が1884年に藻草寒天商仲間となる一方、同じ年には製造業者も凍瓊脂製造業仲間を結成した[30]。1903年には重要物産同業組合法に基づき大阪・京都・兵庫の流通・製造業者を糾合した二府一県寒天同業組合が結成され1938年まで存続した[31]。

1896年における寒天の全国製造高は184,929貫であり、その産地別内訳は大阪119,632貫、京都25,143貫、兵庫11,021貫であった。長野は34,781貫であり、府県別にみれば大阪に次ぐ第2位となるが、大阪・京都・兵庫を一つの北摂産地とみると、その大きさは圧倒的であった[32]。下って1931年の全国生産高は679,918貫であり、寒天産業がこの間も成長し続けたことが分かる[33]。寒天は開港後も中国向けの重要な輸出品であり続けたほか、酒類の清澄剤や細菌培地などの新しい用途が開発されたことで、南・東南アジアや欧米への輸出も伸長していた[34]。府県別にみると長野が283,785貫で最大の産地となっていたが、大阪197,364貫、京都56,040貫、兵庫59,750貫の二府一県を合計すれば長野を上回り、北摂も依然重要な産地だったことが分かる[35]。

---

(27) 野村『寒天の歴史地理学研究』64ページ。
(28) 野村『寒天の歴史地理学研究』45〜49ページ。
(29) 大阪絵具染料同業組合（編）『絵具染料商工史』410ページ。
(30) 野村『寒天の歴史地理学研究』93ページ。
(31) 野村『寒天の歴史地理学研究』105ページ。
(32) 『農商務統計表』（第13次）による。なお府県別の生産高合計が全国合計を超過しており誤植があると考えられるが、ここでは原史料の値を示した。
(33) 『農林省統計表』（第8次）による。
(34) 野村『寒天の歴史地理学研究』285〜298ページ。
(35) 『農林省統計表』（第8次）による。

このようにフノリとテングサは、日本ではいずれも近世に工業原料としての需要を確立した。近代になっても寒天は輸出商品として成長を続けた一方、布糊の製造は縮小傾向にあったようだが（化学糊料の影響であろう）、織物業や建築業などの在来産業は成長を続けていたから、一定の需要は維持していたものと考えられる。そしていずれについても国内での集散と加工の拠点は大阪であり、大阪の問屋が仕入れた原藻を周辺地域の製造業者に加工させ、その製品を国内外の市場に送り出していたのである。

4　日本市場における朝鮮産海藻
（1）朝鮮開港以前の状況

　フノリとテングサは朝鮮半島の沿岸にも広く分布している。前近代の漢文史料ではフノリは「細毛」や「加士里」（固有語카사리사리の音写）、テングサは「牛毛」として現れることが多い。両者はいずれも15世紀半ばに成立した『世宗実録』地理志、1530年に成立した『新増東国輿地勝覧』で南海岸から東海岸にかけての産物として現れる。どのように消費されたかはよく分からないが、19世紀前半に成立した『五洲衍文長箋散稿』は晒したテングサの煮汁を固めて食べる方法を紹介している。また同じく19世紀初めの『万機要覧』では国王・王后らへの供上品として「細毛」があり、フノリも食材として認知されていたことが分かる。一方で工業的な利用は限定的であったと思われる[36]。

　一方でこれらの海藻は、遅くとも18世紀には草梁（釜山）倭館を通じて日本に輸出されるようになっていた。前稿で明らかにしたように、日本向けのフノリやテングサは朝鮮南海岸の多島海地域や済州島から釜山に集められ、倭館の出入りを許された商人の手を経て対馬から来た日本人商人に売却された。倭館終末期である1874年9月から75年3月までの貿易統計によれば、朝鮮からの輸出17,373千文のうち2,841千文（16%）が海産物で、そのうち最大の品目が「布海苔」959千文であり、また「天草」も553千文を占

---

(36)　本段の叙述については石川「交隣と貿易」84～85ページ参照。

めていた。フノリとテングサが輸出品の中で一定の比率を占めていたことが分かる。

(2) 朝鮮産フノリと日本市場

1876年の釜山開港後、対馬出身の商人たちが大阪へのフノリ・テングサ輸出を足掛かりの一つとして成長したことも前稿で明らかにした。第3節で見た通り、大阪は近世以来フノリ・テングサの最大の集散地であった。1880年代の大阪におけるフノリ・テングサの集荷状況について【表4-6】を見てみよう。これは大阪商法会議所が1883年頃の大阪における貨物集散を調査したもので、集計方法は不明だが大まかなイメージは判明する。

まず（a）のフノリについてみると、大阪には一ヶ年に原藻250,500貫が持ち込まれており、そのうち4割超の104,000貫が朝鮮産であった。朝鮮に次いで上総・下総の90,000貫が大きく（ただし「大葉海苔」）、やや下って肥前五島、紀伊の順となる。出荷先は掲表しなかったが、製品として出荷されるのが131,000貫、原草のまま再移出されるのが84,400貫であった。そのうち朝鮮産は製品に加工された後、壁用・機場（織物）用あわせて54,000貫が全国一円に出荷されたという。

朝鮮産の比率の大きさに驚かされるが、1893年に『大日本水産会報』に

---

(37) 石川「交隣と貿易」表3-2。
(38) 石川「交隣と貿易」93〜97ページ。
(39) 『大阪商業史資料 別巻』によれば出所史料（「府下各商業物価輸出入及利害調査ノ部」）は江越間鉄道（北陸線、1884年長浜敦賀間開通）の影響調査の一環として作成された（大阪商工会議所（編）『大阪商業史資料 別巻』大阪商工会議所、1966年、201ページ）。大阪商法会議所は1883年7月に大阪府勧業課の諮問に応じて江越間鉄道敷設の影響対策に関する報告書を提出しており（大阪商工会議所（編）『大阪商工会議所八十五年史』1965年、223ページ）、本史料の調査時期もこれと大きく違わないものと思われる。
(40) 「大葉海苔」は壁用とされており、現在の千葉県でも多く採集され壁用糊料として利用されるオオバツノマタを指すと思われる。製品としての布糊にはフノリ以外にオゴノリ、イギス、ツノマタ等を混合することがあった（西村寅三「東京大阪二府三重県下布糊製造法調査報告」『水産調査報告』第12巻第3冊、農商務省水産局、1904年、1〜2ページ）。
(41) 原表では「原草朝鮮産製品（仝〔機場〕）（壁用）」54,000貫目が1行置いて2回現れる。誤りによる重複でないとすれば朝鮮産製品の出荷は108,000貫目となる。

表 4-6　大阪入荷海藻の原産地（年間、1884 年頃）

(a) 布海苔原草

四国	種々	5,000	貫目
豊後	全	1,000	貫目
肥前（五島）	機場	17,000	貫目
薩摩	全	2,000	貫目
紀伊	全	15,000	貫目
志摩	全	1,500	貫目
上下総	壁向キ（大葉海苔ト云フ）	90,000	貫目
北海	機場	15,000	貫目
朝鮮	機場・壁用	104,000	貫目
計		250,500	貫目

(b) 寒天

志摩	原草	250,000	貫目
紀伊	全	160,000	貫目
伊豆	全	150,000	貫目
安房	全	50,000	貫目
朝鮮	全	70,000	貫目
薩摩	全	至テ少ナシ	
豊後	全	10,000	貫目
五島	全	4,000	貫目
四国	全	10,000	貫目
能登	全	15,000	貫目
佐渡	全	6,000	貫目
隠岐	全	3,000	貫目
出雲	全	5,000	貫目
筑前	全	3,000	貫目
計　天草		704,000	貫目
エゴ		32,000	貫目

出所）「府下各商業物価出入及利害調査ノ部」大阪商業会議所『大阪商業史資料集成』第 2 巻、1963 年。
注）　年代比定は本文注 39 参照。(a) 表の「肥前（五島）」は原資料では「備前（五島）」とする。

掲載された記事によると、1 年間に大阪に入荷されるフノリは 168,800 貫匁で、うち朝鮮産が 78,000 貫匁（46％）を占め、以下は五島産 24,000 貫匁、

(42)　竹中邦香「朝鮮の水産物及其輸出取締方法」『大日本水産会報』134 号、1893 年。

北海道産 20,000 貫匁、紀州産 10,000 貫匁と続くという。朝鮮産の比率は【表 4-6（a）】の示す値と大きくは変わらない。また同じ記事は、フノリの用途のうち最も大口で、またよい品を需要するのは「絹布機織業者」であるとする。もともとこれらの業者が主として用いるのは肥前五島産で、これを大阪で加工した「久平布海苔」を関東では「本柳」と呼んで桐生・足利などの機業地で消費していたが、その産額が多くないことから、これに次ぐものとして朝鮮産を「二等本柳」として代用しているとする。五島産を第一とし、朝鮮産がこれに次ぐという認識は「はじめに」で紹介した『和漢三才図会』と一致している。

　また 1909 年の『水産品貿易要覧』（農商務省水産局）は朝鮮産フノリの産地を半島の南海岸・西海岸の島嶼部とし、とくに「全羅道の珍島、所安島、済州島、楸子島、莞島等」が主要産地だとする。(43) フノリの着生する岩礁は集落の占有物で、一定の期間に限って住民が採集したものを乾燥させて木浦・釜山の日本人商人に売却し、日本人商人はその大半を原藻のまま莚包みとして大阪に輸出したという。そして「品位は珍島産を以て最上とし日本に於ける最優等品たる肥前五島産に譲らずと云ふ」といい、朝鮮産フノリが五島産と並んで高く評価されていたことがここからも確認できる。

(3) 朝鮮産テングサと日本市場

　次に【表 4-6（b）】の寒天原草を見ると、合計で「天草」704,000 貫と「エゴ」32,000 貫が大阪に入荷するとされている。「天草」はいわゆるテングサ（マクサ）を指し、「エゴ」は混合用のエゴノリを指すと見られる。生産地の内訳では「天草」と「エゴ」を区別していないが、朝鮮産の入荷高は 70,000 貫とされ、志摩・紀伊・伊豆に次ぐ規模であったことが分かる。また、掲表しなかったが製品である寒天の生産額についても示されており、それによれば摂津産が細寒天 624,000 斤・角寒天 15,600 個（1 個 500 本入）、丹波産が細寒天 133,000 斤・角寒天 20,000 個とされ、うち細寒天 760,000 斤・角寒天 5,000 個が中国に輸出されたという。細寒天のほぼ全量が中国に輸出されて

---

(43)　農商務省水産局『水産品貿易要覧 下巻』農商務省水産局、1909 年、134 ページ。

いたことが分かる。

　朝鮮産テングサの需要についても史料から裏付けてみよう。1897 年の『第二次輸出重要品要覧』によれば、テングサは「北は北海道北見国より南は台湾の新領土に至るの沿海殆んど之を産」するが、寒天の需要増加に伴って不足をきたし、「年々朝鮮より補充供給を仰くこと実に全額の三分の一に居る」という。また 1909 年の『水産品貿易要覧』によれば 1904 年の大阪府豊能郡で使用された寒天原藻 139,681 貫の内訳は、伊豆産 32,626 貫、紀州産 26,275 貫、韓国産 21,400 貫、台湾産 13,350 貫、房州産 13,030 貫等であったといい、朝鮮が上位産地の一つだったことが確認できる。

　先述のように開港後も寒天の輸出は拡大し続けており、これを背景として朝鮮産テングサの需要も拡大したと思われる。一方で前引の『第二次輸出重要品要覧』は、かつて名産地であった志摩地方が「明治廿〔1887〕年の頃より磯焼の為め産額頓に減し、従て品位劣等に陥り、現今に至りては殆んと市場に出つるものなし」と指摘する。別の史料は国内産原藻の枯渇傾向について、自然条件の変化だけでなく需要の増加に伴う「濫採」に原因があるとの見方を示している。こうした状況も朝鮮産原藻への需要をいっそう高めたであろう。

---

(44)　細寒天の輸出量が摂津・丹波産の合計を上回っているが原史料のままとした。
(45)　農商務省水産局『第二次輸出重要品要覧：水産之部（寒天）』農商務省水産局、1897 年、82 ページ。
(46)　農商務省水産局『水産品貿易要覧 下巻』128 〜 129 ページ。
(47)　農商務省水産局『第二次輸出重要品要覧：水産之部（寒天）』82 ページ。
(48)　農商務省水産局『水産貿易要覧 後篇』農商務省水産局、1903 年、409 ページ。塚本明もこの時期の志摩の資源枯渇が濫獲によるものだった可能性を指摘している（塚本明「近代の志摩海女の出稼ぎについて」『海と人間』31 号、2018 年、25 ページ）。これと時期を同じくして志摩の海女は朝鮮を含む各地への出稼ぎを活発に行うようになった（塚本明『鳥羽・志摩の海女：素潜り漁の歴史と現在』吉川弘文館、2019 年、第 3 章）。
(49)　国内原藻の枯渇については『〔第一次〕輸出重要品要覧：水産之部（寒天）』も「初め原草の産地たる勢、志〔伊勢、志摩〕の如き収穫皆無にして駿、遠、紀〔駿河、遠江、紀伊〕の三地方も亦少かりしを以て代価の非常に昂騰し当業者は朝鮮産を輸入して其欠を補ふに至り」とする（農商務省農務局『〔第一次〕輸出重要品要覧：水産之部（寒天）』農商務省農務局、1895 年、45 ページ）。

表 4-7　寒天製造業者の原藻配合割合（細寒天）

(a) 大阪府下の例

テングサ（伊豆上）	25%
テングサ（紀州上）	25%
テングサ（朝鮮中）	**40%**
ヒラクサ（紀州上）	10%

(b) 京都府下の例

テングサ（朝鮮中）	**25%**
テングサ（豊後下）	25%
テングサ（阿波上）	25%
テングサ（紀州上）	17.5%
テングサ（土佐下）	7.5%

(c) 兵庫県下の例

テングサ（朝鮮中）	**40%**
テングサ（伊豆上）	20%
テングサ（紀州上）	20%
テングサ（出雲下）	10%
テングサ（能登下）	10%

出所）柳川鉄之助『寒天』工業図書株式会社、1942 年、111 ページ。

　朝鮮産テングサは、寒天の具体的な製造工程では、どのように用いられたのだろうか。1903 年の『水産貿易要覧』は、朝鮮産のテングサは国内産の不足を補うために用いられており、製造に際して「一割乃至二割位の割合を以て内地産品に混合して使用すと云ふ」、それは「之を内地産に比するときは素より劣等なるを免れ」ない故であるとする。[50]朝鮮産のテングサ単独では寒天の製造に堪えなかったという意味に理解される。

　しかし朝鮮産テングサを「内地産品に混合して使用」するのが品質劣等の故だったとばかりは言えない。テングサの成分は産地に加え採集時期や成長の度合いによっても異なり、製造時の気温や天候も製品の質に影響した。そ

(50)　農商務省水産局『水産貿易要覧 前篇』農商務省水産局、1903 年、40 ページ。

のため高価なテングサばかり利用したからといってよい寒天が仕上がるわけではなく、製造の都度、諸条件を勘案して原藻を配合することが必要であった[51]。その配合の割合は「当業者の秘訣」であり、「製品上に優劣を生する所以は最も此原草配合の適否に関係」したという[52]。

　個々の製造業者による原藻の配合割合については、1940年代初頭のものと思われる事例が報告されている[53]。関西地方の細寒天製造業者についての例を示した【表4-7】を見ると、いずれの業者も多様な産地・等級の原藻を混合して用いるなかで、朝鮮産も相当の比重を占めている。朝鮮産の品質については「寒天分に富むが粘度が高く濾過不便」という評価もあったが、一方で歩留まりのよさから「混合使用せねば、採算上面白くないと云ふ立場にあるが故に、朝鮮産の豊凶は直接製造家に影響する」と考えられてもいた[55]。最終的にはコストの問題に帰着するとしても、朝鮮産テングサがその品質上の特長を見出され、重要な原藻の一つとして利用されていたことが推測される。

　このように朝鮮産のフノリとテングサは、大阪近郊で展開された布糊・寒天の製造原料として重要な地位を占めていた。先にも引いた1909年の『水産品貿易要覧』は、朝鮮のテングサについて「韓人の採収したるものも総て日本人に売却す、韓人の之を採収するに至りしは日本人の之を買収するものあるに依る」とする[56]。この叙述は朝鮮における伝統的な海藻消費の存在を見落としているが、それがもっぱら食用に止まるなか、大阪側の工業原料としての需要の増加こそがその採取を拡大させたことは疑いない。

---

(51)　柳川鉄之助『寒天』工業図書株式会社、1942年、109ページ；谷川英一『水産食品製造加工』丸善出版、1951年、102ページ。
(52)　農商務省農務局『〔第一次〕輸出重要品要覧：水産之部（寒天）』18ページ。
(53)　柳川『寒天』109ページ。
(54)　柳川鉄之助『寒天及び布糊』厚生閣、1941年、15ページ。
(55)　大場源七「水産製品検査に表はれた十万円以上の製品に就て（上）」『朝鮮之水産』第31号、1926年。大場は1926年当時、釜山税関検査課技手であった（国史編纂委員会韓国史データベース、職員録資料、2024年8月9日閲覧）。
(56)　農商務省水産局『水産品貿易要覧 下巻』201ページ。

5　輸移出検査の導入と商人の利害
(1) 朝鮮産海藻の輸移出検査

　一次産品は自然条件による品質のばらつきが避けられず、流通過程でも変質しやすい。そのため検査制度の導入は、流通する商品の品質を標準化し価値を高めるうえで重要な画期となる。第2節で触れたように朝鮮総督府は1913年に海藻検査規則を定め、税関が輸移出品の検査を行うこととした。以後、1918年の水産製品検査規則では海藻以外にも検査対象を拡大し、1937年には独立の機関として朝鮮総督府水産製品検査所が設けられた。

　海藻検査規則は検査の対象としてテングサ・フノリ・ギンナンソウ・サクラソウ・イギス・エゴの6種を指定し、水産製品検査規則はこれにオゴを追加した。水産製品検査所のある文献は「検査海藻の用途は二途を出でない。一は寒天製造原料であり、一は糊料として使用する」とし、テングサ・イギス・エゴ・オゴの4種は寒天材料、その他の3種は糊料であるとする。寒天材料としては「石花菜〔テングサ〕は寒天分最も多く主要原料で、他の三種は石花菜に対する混和物である」とし、糊料については「海蘿〔フノリ〕は抄製、晒白して、織物製造用糊料とする。其の中、真海蘿は絹織物に使用し袋海蘿は綿織物に使用する。銀杏草〔ギンナンソウ〕、桜草〔サクラソウ〕は建築用糊料とする。即、煮熟、溶解して壁の漆喰に使用する」と、その用途を詳細に説明している。

　朝鮮総督府による検査の法的枠組みは韓国国立水産物品質検査院の『水産物検査100年史』が詳しく述べているが、その実態には深く立ち入っていない。検査制度が直接に収益を生むものではなく、個々の当事者から見ればコストを増す要因ですらあった事を考えると、その成立過程や運用実態は海藻流通をめぐる利害の所在を知る手がかりとなろう。本稿も十分な検討の準

---

(57)　「海藻検査規則」朝鮮総督府令第49号、大正2年5月14日。
(58)　「水産製品検査規則」朝鮮総督府令第56号、大正7年5月21日。
(59)　「朝鮮総督府水産製品検査所官制」勅令第91号、昭和12年3月31日。
(60)　小野功一「海藻検査の概要（昭和13年4月稿）」朝鮮総督府水産製品検査所『水産製品検査ニ関スル参考資料』1941年、334ページ。
(61)　『수산물검사100년사』（국립수산물품질검사원、2005年）179～250ページ。

備はないが、1913年の海藻検査規則の制定に至るまでの大阪や釜山、木浦の流通業者の動きについて初歩的な整理を試みたい。

(2) 釜山・木浦における自主検査

朝鮮産海藻に対する検査制度の必要性が唱えられたのは1893年にさかのぼる。『染織工業雑誌』の記事によれば[62]、この年3月、大阪生晒布海苔商組合と大阪布海苔製造業組合は合同で「朝鮮草改良法」を決議した。これは「我組合員にして朝鮮より我内地へ輸入する布海苔草を購求せんと欲するときは必ず先ず改良を行ひ沙泥をふるひ水燥〔湿？〕を乾湿〔燥？〕なし而して後購求するものとす」(第1条)、「物品多額にして前条実行し難きときは売買主双方立会の上沙泥及ひ湿りを調査し沙引湿り引をなし勘定するものとす」(第2条) というもので、直接には大阪での原藻取引についての取り決めである。両組合については不詳だが、第3節 (1) で触れた生晒布海苔商問屋仲間盟約書 (1879年) を引き継ぎ、問屋と製造業者をそれぞれ組織したものであろう。

同じ記事によれば、両組合はこの決議に照会書を付して釜山日本人商業会議所に送付した。照会書によると、決議の背景には、朝鮮産原藻が水分や砂泥を含んだ状態で莚包みにされるため到着時までに腐敗し、これで製造した布糊も糊分や色沢に劣るため、主たる需要者である絹織業者がこれを嫌うという事態があった。そして原藻に水分や砂泥を混和するのは「韓人」の常套的な「狡猾手段」であり、原藻を「朝鮮人より買得し之れを内地に輸入する〔釜山〕在留日本商人」が意を用いて、釜山でも原藻の改良を実施してほしい、というのが両組合の要望であった。

折から朝鮮での水産業調査を終えて大阪に立ち寄った農商務省技師の関沢明清らがこれを知り、同地のテングサ商や干鰯商にも同様の声があることを聞いて釜山の関係者に対応を求めた。関沢に同行していた竹中邦香が『大[63]

---

(62) 著者不明「大阪生晒布海苔商・布海苔製造業組合照会書」『染織工業雑誌』第2号、1893年。

(63) 関沢らは1892年11月から93年3月にかけて朝鮮沿海の水産業を調査し、その結果を関沢明清・竹中邦香『朝鮮通漁事情』として刊行した（関沢明清・竹中邦香『朝鮮通漁事情』団々社書店、1893年）。

110

『日本水産会報』に報じた記事によれば、室田義文総領事からも善処を求められた釜山日本人商業会議所は、1893年5月に「布海苔、天草、干鰯の品質改良方法」を決議した。[64]

商業会議所の決議は全12条にわたるが、第1条で「当国産出の布海苔、天草、干鰯、三品は人為の粗悪品なりと撿査員に於て鑑定したるときは之を購求せざるものとす」とし、「此三品は商業会議所に於て定めたる南浜町二番地内に於て売買受渡を為し其他に於ては一切取引せさるものとす」(第2条)、「撿査法は第一着荷の際買主の請求に応じ撿査員は船中に出張し一応品質の善悪を審査し其正良品には正良品たるを証明す、其証明を得たるものゝの外陸揚げを為さゝるものとし更に荷造を為すとき本撿査を為すものとす」(第4条)と定めている。「撿査済の証票なき物品は一切輸出せさるものとす」(第5条)という条項もあるが、輸出時の検査を義務付けたというよりは、釜山の居留商人が朝鮮内地から回送されてきた原藻を買い入れる際のチェックを主眼とするものであった。

釜山での検査は1893年6月11日から実施された。[65]検査員は当初、釜山の当業者2名のほか大阪の当業者1名を招く予定であったという。[66]大阪からの招聘が実現したかは不明だが、対馬出身の居留商人亀谷愛介の回想によれば、自身含め2名の釜山在住者が検査員を委託されたという。[67]亀谷によれば、「従来釜山に出荷する布海苔は年々鮮人(ママ)の為めに不良品を買わされ、其為め本品を買入れ大阪へ送りて年々当業者の損失を免れざるを遺憾とし」、有力な居留商人である迫間房太郎らと相談のうえ、商業会議所に建議して検査を開始したという。大阪からの働きかけがあったとしても、検査制度の直接の目的は、釜山の居留商人自身の買い付けに伴う危険回避にあったと推測

---

(64) 竹中邦香「朝鮮の水産物及其輸出取締方法」『大日本水産会報』第134号、1893年。
(65) 「釜山港貿易景況〔1893年6月〕」『官報』第3049号、1893年8月26日。
(66) 竹中「朝鮮の水産物及其輸出取締方法」。
(67) 亀谷愛介『遺誌』(1979年、亀谷家親戚一同) 33ページ。同書の閲覧にあたって木村健二氏のご高配を得た。なお釜山でのフノリの検査については前稿96ページでも触れた。

できる。

　釜山での検査は1894年7月の日清開戦に伴って中断されたといい、その後に再開された形跡はない。釜山に次いで海藻検査の実施が確認できるのは全羅南道の木浦である。第2節で見たように朝鮮半島南西部の全羅南道は朝鮮最大の海藻産地であった。1897年に開港された木浦でも、「朝鮮商人」による雑物の混入や注水などの不正が横行するようになり、「果然大阪商人の乗ずる所と為りて当業者（＝在木浦日本人輸出商）は無用の損失」を蒙ったという。そこで木浦日本人商業会議所は1910年1月に独自の海草検査規則を定め、3月1日からこれを施行した。検査対象はフノリ、テングサ、サクラソウ、ギンナンソウの4種であり、「乾燥の良否、泥砂其他混合物の有無に就て検査を為す」（第2条）、「検査済の証ある海草に非ざれば之を売買し又は輸移出するを得ず」（第4条）と定められた。木浦の検査制度も釜山と同様、大阪商人による値下げや買い控えに直面した居留商人が、自身の利益を守るために開始したと言うことができる。

(3) 海藻検査規則（1913年）をめぐる葛藤

　このような自主検査の前史を経て、1913年5月に朝鮮総督府の海藻検査規則が公布され、7月1日に施行された。先述のように、この規則はテングサ・フノリ・ギンナンソウ・サクラソウ・イギス・エゴの6種を対象として指定し、これらは「税関に於て輸出又は移出申告の際検査を受け其の検査に合格したるものにあらされは輸出又は移出することを得す」（第1条）と定めた。税関が検査の実施機関を兼ねるとされたのは、予算上の制約だけでなく、併合と同時に向こう10年間の関税据え置きが決定されており、輸出品・移出品のいずれも税関で捕捉できるという事情があった。検査箇所としては釜山・元山・木浦の税関・税関支署がまず指定され、1914年4月から

---

(68)　農商務省水産局『第二次輸出重要品要覧：水産之部（明治二十九年調、寒天）』1897年、90ページ。
(69)　木浦府（編）『木浦府史』木浦府、1930年、614ページ。ただし不正の主体を「朝鮮商人」と断じているのは『木浦誌』476ページである（木浦誌編纂会（編）『木浦誌』木浦誌編纂会、1914年、476ページ）。
(70)　木浦誌編纂会（編）『木浦誌』477ページ。

第 4 章　近代朝鮮の海藻貿易と大阪

は仁川税関も加えられた。[71]

　海藻検査規則が定められた背景について、後年の水産製品検査所の史料は、明治中頃から朝鮮産海藻を輸入してきた「大阪方面の需要家」が、その粗悪な品質や不正に悩み、「大阪商業会議所・大阪兵庫寒天水産組合等の名を以て内地移出海藻に付検査を施行せられんことを朝鮮総督府に陳情」した結果であるとする。[72]

　しかし1914年に木浦の居留民団や商業会議所などが中心となって編集・刊行した『木浦誌』は、これとは違う経緯を伝えている。『木浦誌』によれば、1910年に開始された自主検査は粗悪品の出回り抑制に効果をあげたものの、当時は検査が実施されていなかった釜山に商品が流れる傾向をもたらし、木浦でも検査を手加減せざるを得ない状況となった。そのため「木浦商人」は「斯る検査は一地方を限りたる民間の施設に放任せず、須らく官の法令を以て各地均一に励行すべきものたるを唱道し」、木浦商業会議所から繰り返し当局に進言した。その結果として海藻検査規則が実施されたというのである。[73]政策決定の過程を史料で裏付けることは困難だが、釜山との競合に直面する木浦の輸移出商が、大阪商人とは異なる利害背景から海藻検査規則の制定を望んでいた蓋然性は高い。[74]

　ただし『木浦誌』によれば、せっかく実施に至った海藻検査規則も木浦の輸移出商にとっては満足できないものであった。先述のように海藻検査規則は税関を検査主体とし、朝鮮からの輸移出時に検査するものであった。そのため産地から木浦に回着される粗悪品自体は減らなかったという。こうした検査方法について『木浦誌』は、「或は是れ人為的粗悪の手段は鮮人仲買商等の罪にあらず、居留地商人に依りて行はるゝものなりとの誤解に出でたる

---

(71)　小野「海藻検査の概要（昭和13年4月稿）」316ページ。
(72)　小野「海藻検査の概要（昭和13年4月稿）」315ページ。
(73)　木浦誌編纂会（編）『木浦誌』477〜478ページ。
(74)　日本市場との取引に従事する朝鮮の居留日本人商人にとって開港場間の競合は深刻な問題であった。例えば釜山商人の木浦開港反対運動について、徳間一芽『明治期における在朝日本人の研究：木浦開港を中心に』（広島大学博士論文、2019年）75〜93ページ。

為ならんか」とし、当局が粗悪品の責任の所在を見誤っているとの不満を吐露している。居留地の日本人輸移出商が朝鮮人仲買商に商品調達を依存する流通構造が変わらないなかで、総督府の導入した検査方法は、必ずしも日本人輸移出商の意に沿うものではなかったのである。結局木浦では、海藻取締規則には期待できないとして「同業者の組合を設け、回着したる海草は同業者全部立会の上その粗悪なるものは全然排斥して之を買はず、良好のものゝみ入札に依りて買収するの方法」を実施した。輸移出品検査によって木浦の輸移出商が負うことになった製品改良のコストを、朝鮮人の仲買人らに転嫁しようとしたと言えよう。

　この後も木浦商人は規則の改正を訴え続けたが、海藻検査規則に代わって1918年に実施された水産製品検査規則でも税関による輸移出時検査の枠組みは維持された。運用の実態について本稿では踏み込むことができないが、各段階の流通業者が異なる利害を抱え、それぞれに対応を図っていたことはここまでの検討でも十分に明らかだろう。

(4) 海藻輸出検査と生産者

　さて、どのような形にせよ検査によって朝鮮産海藻の商品価値が向上することは、木浦や釜山の商人から見てプラスには働かなかったのだろうか。これについても検査導入後の状況を追跡する必要があるが、釜山税関の技手大場源七は、1926年に『朝鮮之水産』に寄稿した記事で、朝鮮産のテングサが置かれた状況について次のように述べている。朝鮮産品の品質は好評だけれども、「其の取引状況は思ふまゝに大阪商人に左右せられ、釜山の在庫品は、大阪の在庫品として、何等異なる所なく支配されてゐるではないか」という。その背景について、大阪の「問屋筋」は大阪・兵庫・京都と信州の一

---

(75)　木浦誌編纂会（編）『木浦誌』478～479ページ。ここでいう組合は1917年7月に設立認可された木浦海藻水産組合だと考えられる。この組合は木浦府で活動する海藻販売業者を日本人・朝鮮人を問わず包括したもので、海藻検査のほか一定の場所で製品の競売を実施した。1917年の競売取扱高は各種海藻合計で100万700斤、23万3千円であったという。『朝鮮総督府施政年報』大正4年版、302ページ；大正6年版、254ページ。
(76)　木浦誌編纂会（編）『木浦誌』479ページ。

部の寒天産地にあわせて1000万斤に達する原藻を供給している、このことは「各産地の市価を左右するに足るかもしれぬ」と指摘する[77]。こうした大阪の絶大な集荷力の下で、個々の出荷地が製品改良によって独自の交渉力を獲得することは、容易ではなかっただろう。

　大場はまた、生産者つまり海藻を採取する漁業者の立場について指摘する。生産者は検査と直接関わらず「検査の為生産者の受く利益なるものは、甚だ尠い」。生産者は仲買人に「生草」のまま売却することが多く、これを「仲買人は検査合格程度に手入れして、受検するが故に、改良の質は容易に到達しないのみならず、弊害が伴ふてゐる」と指摘する。どうして弊害が生じるかといえば、「産地を異にするものを、改良品として混合するが如き製造上に於て最も嫌ふ」からである。仲買人が産地の異なる粗悪品を良品に混ぜ込んで糊塗するような「手入れ」が実際に行われていたのだろう。前節で見たように寒天の製造業者は多様なテングサを配合することで製品の品質を調整しており、それは「秘訣」ともいえる技術であった。テングサを配合する際には産地が重要な指標の一つとなることから、出荷側でそれを混乱させることは望まれなかったと考えられる。

　そうだとすれば生産者自身が産地で「改良」を行うことが望ましい。そのためには生産者が「生草」のまま仲買人に原藻を売ってしまうのではなく、一定の付加価値を付けることで生産者自身にも利益の還元される仕組みを作らなければならない。大場は「漁業組合に於て、合格程度に手入し、共同販売に附するか、或は、海藻会社の如き仲間に在る特殊会社が、同様の手入をして、入札に附するかの二途に出て、生産者に自己の商品に対する利害の観念を与へ度い」と主張する。これはもはや検査制度の問題にとどまらない。海藻の採取と流通をめぐる資金の動きや様々な主体の組織化などを踏まえながら、海藻の商品化に伴う利益が誰に帰属したかを多面的に論じる必要があろう。

---

(77)　大場「水産製品検査に表はれた十万円以上の製品に就て」。大場については注55参照。

6 おわりに

　本稿では朝鮮の開港から植民地期までの時期、朝鮮産の海藻の中で紅藻類のフノリとテングサを取り上げ、それらが日本にどのように輸移出され、消費されたか日本側の史資料を通じて検討した。その結果を要約してまとめに代えたい。

　朝鮮の開港後、日本人漁業者の活動が活発化する中でも、海藻漁は朝鮮人漁業者の独擅場であった。その中にはワカメのようにほとんど朝鮮内で消費されるものもあったが、フノリとテングサは開港以前から日本向けの重要な輸出品の一つであり、開港後も輸出され続けた。この2種の海藻の用途は、朝鮮ではほぼ食用に限られていたが、日本では糊料および寒天の原材料として用いられた。これは近世期に成長した在来産業であり、近代になってもその需要は続いていた。とくに寒天の生産は輸出産業として急速に伸長した。このような朝鮮と日本での需要の違いは、日本への移出を後押しすることとなったであろう。

　フノリとテングサはいずれも大阪を最大の集散地としていた。朝鮮産品の多くも釜山・木浦の両港を通じて大阪に輸移出され、問屋を通じて製造業者の手に渡った。朝鮮産のフノリは高い声価を博し、1880年代には大阪にとって最大の産地となっていた。テングサについても、各種の原藻を配合使用する寒天の製造工程を前提に、朝鮮は重要産地の一つに位置付けられた。朝鮮産フノリとテングサは、大阪を中心として形成された広域的な海藻流通のなかに深く位置づけられたのである。

　一次産品の商品化を促進した制度的な枠組みの一つに検査制度の導入が挙げられる。朝鮮における海藻の行政検査は、1913年の海藻検査規則により、税関の輸移出時検査として導入された。これは消費地である大阪側の業者の要請に基づくものだったとされる。しかしそれ以前に釜山や木浦では日本人商業会議所による自主検査が実施されていた。これは産地から開港場に持ち込まれる海藻を対象としたもので、専ら開港場で朝鮮人の仲買人から商品を買い付ける日本人商人のリスクを低減することが目的であった。それだけに輸移出時の検査を義務付けた海藻検査規則は開港場商人の利害とは必ずしも

合致しなかった。検査導入をめぐる姿勢の違いを通じて、流通の各段階における様々な利害のありかたを見て取ることができる。

　このように考える際、本稿で触れることができなかった生産者（漁業者）の問題に目を向けないわけにはいかない。例えば済州島の海女は朝鮮における海藻漁の担い手としてよく知られている。植民地下の海女たちは、官や商人による流通機構の再編に時に果敢に抵抗する一方、拡大するテングサ需要に敏感に対応して帝国全域で出稼ぎ漁を展開した[78]。こうした生産者の行動を、大阪を中心とする広域的な海藻流通の仕組みのなかで改めて考えてみる必要があると思われる。

（付記）
　本稿の脱稿後、近世日本のテングサ流通について後藤雅知「近世の漁業構造と周縁社会」『部落問題研究』第181号、2007年、があることを教えられた。不勉強をお詫びするとともに、関心のある読者には参照をお願いしたい。
　本稿は本研究班のほか、科学研究費「19世紀以降の東アジア世界における海藻の生産・流通・消費に関する総合研究」（基盤研究A、22H00018、代表：塚本明）、「帝国史の視点から見た植民地朝鮮の水産・海洋知の形成：朝鮮総督府水産試験場を中心に」（基盤研究C、23K00888、代表：石川亮太）の成果に基づくものである。

---

[78]　例えば藤永壮「一九三二年済州島海女のたたかい」『朝鮮民族運動史研究』第6号、1989年ならびに伊地知紀子「帝国日本と済州島チャムスの出稼ぎ」『日本学』第34号、東国大学校日本学研究所、2012年、を参照。また韓国におけるテングサの採取と流通、加工について人類学的な視角から接近した成果として、민경택「우뭇가사리 채취방식과 한천의 상품화 과정」『도서문화』第56号、2020年、を参照。

第5章
20世紀初頭の神戸における外国貿易金融と香港上海銀行

西 村 雄 志＊

1 はじめに

　本章は1914年10月21日付で香港の本店宛に提出された神戸支店の支店検査役報告書（Inspector's Report）を用いて同時期の神戸における香港上海銀行（Hongkong and Shanghai Banking Corporation）の営業活動について分析を行い、同時に第一次世界大戦前の神戸における対外貿易金融の一端を明らかにすることを目的としている。

　いうまでもなく香港上海銀行は20世紀初頭の東アジアにおいて最大手の外国為替銀行であり、1884年にオリエント銀行が倒産して以降、東アジアの様々な貿易金融において中心的な役割を担っていた。その営業活動の詳細に関しては既にFrank H. H. Kingが著した4巻本の社史で多くのことは明らかにされている[1]。それに加えて近年ではロンドンにあるHongkong and Shanghai Banking Corporation Group Archivesに所蔵されている当時の行内資料の公開が進められていることもあり、それら資料を用いた優れた研究が西村閑也をはじめ多くの研究者によって発表されている。そのため最近は

＊関西大学・経済学部・教授
(1) Frank H. H. King, *History of the Hongkong and Shanghai Banking Corporation*, 4vols., Cambridge; Cambridge University Press, 1987, 1988, 1991.

香港上海銀行のより一層詳細な当時の実像が明らかにされつつある。⁽²⁾

しかしながら、当時の日本の対外貿易金融における香港上海銀行の果たした役割に関してみた場合、一次資料の公開が進められているものの未だ十分に解明されているとは言えない。そのなかでも横濱と同じく日本の対外貿易を担っていた神戸に関しては、香港上海銀行を含めた対外貿易金融が具体的にどのように行われていたのかについても十分に研究されているとは言えない。その点からも本稿で神戸における香港上海銀行の営業活動の一端を明らかにすることは、第一次世界大戦前の神戸における対外貿易において、どのような金融が行われていたのか、僅かながらでもその実像を示すことに貢献出来ると考える。

上述のように、本稿では支店検査役報告書を用いて同時期の神戸支店の営業活動の実態に迫ろうと考えているが、その中でも特に各支店の貸借対照表に挙げられる主要勘定科目の数値を取り上げて分析する。しかし、香港上海銀行は本店をロンドンではなく香港に置いていたこともあり、また特定の国の会計基準に従って数値を記載しておらず、各支店・出張所で独自の会計処理をしているところも多いことから、神戸支店の数値もその点で正確性を欠くことが考えられる。これらの点は問題点として十分に留意する必要があるが、本稿ではそのような確認作業は行えていない。こうした点を含めた更なる分析については他の論考で改めて行うものとしたい。

2 香港上海銀行の概要

香港上海銀行は1865年に香港総督府が制定した銀行条例によって The

---

(2) 西村閑也の一連の研究を参照。西村閑也「香港上海銀行の行内資金循環、1913年」『経営志林』30巻1号、1993年；Nishimura S. 'The Flow of Funds within the Hongkong and Shanghai Banking Corporation in 1913', Checkland O., Nishimura S. and Tamaki N. (ed.) *Pacific Banking, 1859-1959: East Meets West*, New York: St. Martin's Press, 1994; Nishimura S. 'The Hongkong and Shanghai Banking Corporation, 1870–1913', Nishimura S., Suzuki T. and Michie D. (ed.) *The Origins of International Banking in Asia: The Nineteenth and Twentieth Centuries*, Oxford: Oxford University Press, 2012; 西村閑也「香港上海銀行1865-1913年」西村閑也・赤川元章・鈴木俊夫（編）『国際銀行とアジア1870～1913』慶應義塾大学出版会、2014年。

Hongkong and Shanghai Banking Co. Ltd. として設立され、翌年の 1866 年に The Hongkong and Shanghai Bank Ordinance（香港植民地法令第 5 号）により、The Hongkong and Shanghai Banking Corporation という現在まで続く名称となった。20 世紀初頭の東アジアを代表する外国為替銀行であり、その活動の実態については、先述したように、1980 年代以降、The Hongkong and Shanghai Banking Corporation Group Archives の一次資料が条件付きで研究者に公開されるようになったことで、近年その活動の詳細が徐々に明らかにされつつある。

次いで香港上海銀行の設立の根拠となった香港植民地法令であるが、この法令はチャータード銀行の設立に際して出された王室特許状に該当するものであり、仮に香港上海銀行が破綻した時の債務支払いのための株主の責任追加払込額を、払込資本金と同額（プラス発券残高の払い戻し分）と定めた倍額責任制の原則がとりいれられた点でチャータード銀行等の王室特許状の規定に準じていた(3)。しかし、業務内容の規定ではチャータード銀行と香港上海銀行の間では大きな差異があり、1861 年の王室特許状においてチャータード銀行は喜望峰より東側でしか支店と営業所の設置が認められておらず、ロンドンでの営業活動についても大きく制限されていた。それに比べて香港上海銀行は、ロンドンにおける営業活動に関して、チャータード銀行より相対的に自由な営業活動が認められており、この点は上述の香港植民地法令の第 4 条にも見て取れる(4)。この香港植民地法令に基づき、香港上海銀行はチャータード銀行よりもロンドンでの営業活動を活発に行うことができ、加えてリヨンやハンブルグをはじめとする欧州の主要都市にも積極的に支店や営業所を設置することができた(5)。こうした法令上の優位性も他の外国為替銀行に

---

(3) チャータード銀行の王室特許状に関しては、Mackenzie C. *Realms of Silver: one hundred years of banking in the East*, London: Routledge, 1954, p.20.

(4) King F.H.H., *The History of the Hongkong and Shanghai Banking Corporation*, vol.1, Cambridge: Cambridge University Press, 1987, p.626.

(5) ハンブルク支店に関しては、蕭文嫻「香港上海銀行ハンブルク支店 1890-1913 年」西村閑也・赤川元章・鈴木俊夫（編）『国際銀行とアジア 1870 ～ 1913』慶応義塾大学出版会、2014 年、を参照。

先んじてアジアと欧州の貿易金融を牽引する役割を担えた背景と言える。

　設立からしばらく後、香港上海銀行が東アジアで業績を飛躍的に伸ばす端緒となった出来事が生じた。1884年のオリエント銀行の倒産とそれに伴う東アジアの外国貿易金融の混乱である。オリエント銀行の活動に関しては鈴木俊夫の一連の研究があり、その具体的な活動の一端が明らかにされている。19世紀中葉以降の東アジアにおける外国貿易金融においてオリエント銀行が担っていた役割は大変大きなものであり[6]、そのように重要な役割を担っていたオリエント銀行の倒産はこの時期の東アジアにおける貿易金融に多大な混乱を招く結果となった。そうした混乱を収拾し、オリエント銀行が倒産したことで生じた東アジアにおける外国貿易金融の空白を迅速に埋めたことにより、香港上海銀行は東アジアにおける主要な外国為替銀行の地位を獲得することが出来た。

　しかしながら、19世紀後半の東アジアの貿易環境は、世界的な景気停滞期でもあったことに加え、東アジアの貿易構造が世界経済における国際分業体制の枠組みの中で第一次産品輸出型経済に急激に移行していたため、その混乱もあり、この時期に東アジアで活動していた外国為替銀行の業績はいずれも芳しいものではなかった。香港上海銀行も例外ではなかった。加えて1870年代から続いていた世界的な銀価格の低落も、銀本位国であった英領インドや中国をはじめとする主な東アジアの国々や地域に支店や営業所を設けて営業していた外国為替銀行にとって業績を低迷させるものとなっていた。この時期はまた香港上海銀行をはじめとする英系の外国為替銀行だけでなく、インドシナ銀行や横濱正金銀行をはじめとする非英系の外国為替銀行も東アジアの外国貿易金融に進出してきており、これらの外国為替銀行との競合も香港上海銀行の業績を低迷させることに拍車をかけた。具体的な数字を見てみると、香港上海銀行の総資産額は1890年に25.6百万ポンドに達し、

---

(6) Suzuki T. 'The Rise and Decline of the Oriental Bank Corporation, 1842-84', Nishimura S., Suzuki T. and Michie D. (ed.) *The Origins of International Banking in Asia: The Nineteenth and Twentieth Centuries*, Oxford: Oxford University Press, 2012；鈴木俊夫「東洋銀行 1842-1884 年」西村閑也・赤川元章・鈴木俊夫（編）『国際銀行とアジア 1870～1913』慶應義塾大学出版会、2014 年。

総資産利益率は1.78%を記録したものの、1893年には総資産15.1百万ポンド、総資産利益率1.66%に減少した。1913年には総資産39.9百万ポンド、総資産利益率1.55％に回復するものの、1892年には総資産利益率で－1.06％を記録しており、19世紀末の段階では香港上海銀行の業績は決して良いものではなかった(7)。しかし、香港上海銀行の場合、この時期に外国為替業務の他に日清戦争の清国賠償国債、清国における鉄道建設に伴う国債、シャムの鉄道建設に伴う国債等、東アジア各地で外債発行の主幹事の役割も担うようになり、このようなビジネスへの進出もあったことから、20世紀初頭になると香港上海銀行は19世紀末の不振から一早く脱し、東アジアにおける業績を飛躍的に拡大させることが出来た。

このように香港上海銀行の業績はオリエント銀行の倒産後の東アジアにおける貿易金融の空白を埋める業績拡大期、1890年代の業績急落期、そして20世紀初頭の業績の回復期の3つの時期に大別できる。総じて香港上海銀行の業績は当時の東アジア経済が置かれていた状況に左右されていた点は他の外国為替銀行と同じと言えるが、他の外国為替銀行と比較して見た場合、香港上海銀行は東アジアにおける情報収集と本店と各支店・営業所との意思疎通の観点で優位性があった点は見逃せない。一例を挙げれば、中国語が堪能で中国での滞在経験も長いアディス（Addis, Sir Charles S.）や当時の日本の事情にも詳しかったタウンゼント（Townsend A.M.）が20世紀初頭のロンドン支店の支配人を勤めていた。また同じく中国語が堪能で当時の清国政府や民国政府にも太いパイプがあったヒリアー（Hillier E.G.）を北京支店長として1891年から1926年まで配置し、他の外国為替銀行では得られない情報やコネクションを確保していた(8)。こうした人材面における香港上海銀行の優位性は他の外国為替銀行を圧倒していた。

---

(7) 西村閑也「香港上海銀行、1870-1913」『金融構造研究』第29号、23ページ。
(8) 西村閑也「香港上海銀行、1870-1913」24ページ。

3 神戸の対外貿易
(1) 明治期の神戸の対外貿易の概観[9]

　幕末開港以降、日本の対外貿易は名目でも実質でも金額面で飛躍的に増加している。その中でも神戸の輸出入金額に関しては、それらをはるかに上回る規模で拡大していた。すなわち1868年から1913年までの明治年間において日本全体で輸出は約41倍、輸入は約68倍に増加しているが、神戸の輸出金額は約380倍、輸入金額は500倍以上の増加を示しており、開港以降の神戸の対外貿易の急拡大の規模が伺える。

　明治年間を3つの時期に分けて検討すると、1868年から1873年の最初期の神戸の輸出入額は日本全体よりはるかに高い増加率を達成しており、その傾向は概ね日清戦争前後まで続いていた。具体的には1873年から1893年の20年間に関して、日本全体で見た場合、輸出は4.2倍、輸入は3.1倍に増加したのに対して、神戸は輸出が9.9倍、輸入は7.0倍の増加率であった。その後の1894年から1913年の時期に関しては、神戸の貿易額の増加率は日本全体と大きな差異は無くなったが、それでも日本全体の輸出と輸入の増加率がそれぞれ7.1倍と8.3倍であったのに対し、神戸は6.8倍と8.4倍と高い増加率を持続していた。

　しかしながら、上述した貿易額は名目値であるため、物価変動等の影響を考慮していない。影響を取り除くためには輸出物価指数と輸入物価指数が必要になるが、神戸に関しては1874年以降の数値しか用いることが出来ない。そのため利用可能な数値がある1874年から1913年の輸出入の物価指数を用いて貿易額の実質値を算出してみると、その変化は名目値と大差なく増加傾向を示していた。具体的にみると、1874年から1893年で見た場合、日本全体で輸出は4.1倍、輸入は3.9倍であったのに対し、神戸は輸出が6.5倍、輸入は8.9倍の増加となっており、それ以降の1894年から1913年の場合は、日本全体で輸出が4.6倍、輸入が4.9倍であったのに対し、神戸は輸出が4.4倍、輸入が5.0倍と同程度の高い成長率を示していた。

---

(9)　新修神戸市史編集委員会『新修神戸市史 産業経済編Ⅲ 第三次産業』新修神戸市史編集委員会、47-49ページ。

第5章　20世紀初頭の神戸における外国貿易金融と香港上海銀行

表5-1　神戸港の貿易額の推移　1883・1898・1913年

輸入　　　　　　　　　　　　　　　　　　　　　　　　　　　　　　（千円）

年	全国					神戸			
	総輸入額	繰綿輸入額		綿織系輸入額	米輸入額	総輸入額	繰綿輸入額	綿織系輸入額	米輸入額
		総額	英領インドからの輸入額						
1883	27,974	248		6,165	1	6,932	19	1,864	1
1898	277,271	45,410	24,784	8,548	48,220	138,073	37,664	2,868	28,815
1913	728,626	231,481	143,012	466	48,472	346,304	159,971	297	19,331

輸出

年	全国				神戸		
	総輸出額	綿織系輸出額		茶輸出額	総輸出額	綿織系輸入額	茶輸出額
		総額	清国への輸出額				
1883	35,694			5,976	5,836		2,306
1898	162,903	20,117	14,412	7,862	59,042	17,625	2,651
1913	629,526	117,026	50,158	9,510	169,029	39,389	1,041

（注）　輸出入総額は外国品、輸出品は内国品のみの額を示している。
　　　　茶の額は緑茶の金額である。
　　　　1913年の綿織糸の額は20番手以下のものである。
　　　　1896年の香港への綿織糸輸出額は4,517,065円、1913年は4,250,442円である。
　　　　ここで言う清国には香港は含まれていない。1913年に限っては関東州も外れている。
（出所）　大蔵省（編）『大日本外國貿易年表』東洋書林、各年。

　この結果、日本全体に占める神戸の貿易額の割合は飛躍的に高まり、明治末期には横浜に次ぐ日本で第二位の貿易港としての地位を確立した。明治元年における神戸の日本全体に占める貿易額に占める割合は輸出で2.9％、輸入で6.4％であったが、その割合は日本の対外貿易が拡大するにつれて急速に高まり、1898年には日本全体の輸出に占める神戸の割合は36.3％に達し、1913年段階で神戸は日本全体の輸出のうち27.0％を占め、横浜に次ぐ輸出取扱額となっていた。そして輸入に関しては、1899年に54.6％を占める規模となり、神戸はこの時期には日本で最大の輸入取扱額の地位を占めていた。その地位はその後も概ね変わらず、神戸は1893年から1937年までの

間、日本で最大の輸入取扱額の貿易港の地位を維持し続けた。

(2) 神戸の対外貿易の特徴

神戸の貿易の特徴としては、まず輸入超過であった点が挙げられる（表5-1を参照）。明治期を通じて輸入額が常に輸出額を上回っており、この傾向が逆転した年度は第一次世界大戦前では数える程度しかなかった。

取り扱われた商品に目を向けると、まず輸入品目に関しては、開港当初は輸入全体に占める綿織物の比率が他の貿易港と比較しても高かったが、1880年代に入ると綿糸の割合が急速に高まり、1890年以降は繰綿の比率が飛躍的に高まった。これに加えて米の輸移入額が世紀転換期から拡大していることも大きな特徴と言える。他方、神戸以外の貿易港で比重の高かった毛織物や砂糖の取扱額が神戸では極めて低かったことも特徴として挙げられる。次いで輸出品目であるが、開港当初は米や茶といった食料品が大きな割合を占めていたが、1890年以降になるとマッチをはじめとする雑貨類の輸出が拡大し、両大戦間期になる頃には神戸の輸出の大きな割合を占めるようになっていた。しかしながら、明治期の神戸における輸出の最大の特徴としては、綿糸の輸出の急拡大が挙げられ、その割合は神戸の輸出額全体の30％近いものになっていた。神戸は、横浜のように生糸輸出が占める割合が低く、雑貨類や茶といった食料品の輸出額の比率が高いことが特徴であり、それ以上に綿糸布輸出が占める割合が高かったことが大きな特徴として挙げられる。

第2の特徴としては、横浜と比較して貿易相手国に占めるアジア諸国の割合が高かったことが挙げられる。輸出の場合、生糸の主要な輸出先であった米国やフランスの割合が高かった横浜と比較して、神戸の場合は綿糸の主要な輸出先であった香港や中国の割合が一貫して高かった。輸入の場合も世紀転換期から繰綿の主要な輸入先となったインドの割合が急速に高まってお

---

(10) 19世紀後半の神戸において綿製品を取り扱っていた中国人商人に関しては、古田和子「上海ネットワークの中の神戸：外国綿製品を運ぶ中国商人」近代日本研究会（編）『年報・近代日本研究14 明治維新の革新と連続：政治・思想状況と社会経済』山川出版社、1992年、を参照。

(11) 西村雄志「横浜正金銀行1880-1913年」西村閑也・赤川元章・鈴木俊夫（編）『国際銀行とアジア1870～1913』慶應義塾大学出版会、2014年、1303ページ。

り、こうした貿易構造の変化は阪神地域における近代紡績業と織布業の発展に起因する綿花輸入と綿糸布輸出の急成長にその大きな要因があった。(12)

第3の特徴としては、神戸における日本人と外国人の輸出入取扱額が大きく変化したことが挙げられる。神戸税関が毎年刊行していた『神戸港外國貿易概況』の1906年から1911年を見る限り(13)、それ以前の時期と比較して日本人商人の取扱額が占める割合が急激に高まっており、特に輸入に関しては中国人の占める割合が低下している。この要因としては、綿花の輸入先が日露戦争前後から急速に中国からインドに移行したことが考えられる。インドからの綿花輸入に関しては、日本の綿花商社がインドの綿花商人との間で直接契約を交わして購入する方法や綿花商社の出張員が直接インドの綿花産地に赴いて現地の商人との間で綿花購入の契約を交わす直買の方法が20世紀初頭から積極的に行われるになっており、その結果として、日本人商人の神戸における取扱額の割合を高める事となった。さらに商品別の構成を見てみると、輸出に関しては、米と綿糸は日本人商人、銅に関してはドイツ人商人、花莚と緑茶に関しては米国人商人、マッチに関しては中国人商人、と商品別に取り扱う商人の国籍に特徴が見出される。輸入に関しては、米に関しては中国人商人、石油は米国人商人、そして繰綿、油糟、硫酸アンモニウム（肥料）に関しては、日本人商人が中心となって担っていたという特徴が見出される。(14)

こうした特徴を踏まえ、この時期の神戸の貿易は主に阪神地域で勃興して

---

(12) 西村雄志「横浜正金銀行」1303ページ。
(13) 神戸税関（編）『神戸港外國貿易概況』神戸税関、各年。
(14) 西村雄志「横浜正金銀行」1304-1305ページ。神戸税関が刊行していた『神戸港外國貿易概況』の数値において、直接的にインド人商人の数値を析出することは出来ない。この時期には既にインドから多くの商人が神戸に進出しており、彼らのネットワークが両大戦間以降の神戸の対外貿易の発展に大きく貢献したことから、この時期に全く取扱額がないとは考え難く、なぜ記載がないかを含め、今後の研究課題としたい。なお神戸におけるインド人商人のネットワークと活動については、大石高志・神田さやこ「20世紀前半におけるインド社会経済の変容と日印貿易関係」『社会経済史学会』82巻3号、2016年や吉田雄介「近代期の神戸を経由した植民地内ネットワーク：ハッサム商会の破綻と事業継承を事例に」『東洋研究』229号、2023年、等を参照。

いた紡績業に牽引されるかたちで発展しており、それ以外にも雑貨類を含めたアジア向けの近代型商品を拡大させることで横浜とは異なる貿易構造を形成していた。こうした労働集約的な加工品の輸出を拡大させたことにより、この時期の神戸の貿易は綿業を要とした雁行形態型の発展に成功していた。[15]

このように世紀転換期の神戸の貿易は綿花輸入と綿糸布輸出がその中核を担っていた。こうした綿花の輸入ならびに綿糸布の輸出に関わる金融は、この時期になると既に横浜正金銀行がその中心的な役割を担っていた。[16]横浜の貿易が生糸の輸出を要として発展していたため、横浜正金銀行の貿易金融も輸出金融の方に軸足が置かれていたのに対して、神戸の場合は綿糸布を輸出するための金融に加え、綿花の輸入に必要な金融を提供する必要があったため、貿易金融のかたちは自ずと横浜と異なるものであった。

神戸に輸入された綿花は、明治初期から日清戦争前夜までは主に中国から輸入しており、1890年代以降はインドへ輸入先が移行した。両大戦間期になると米国からの輸入量が増えるが、第二次世界大戦直前まで神戸に輸入される綿花の大きな割合をインド産が占めていた。こうしたインドや米国から輸入された綿花は、日本の商社あるいは紡績業者がボンベイやニューヨークの外国商社に購入と輸送を委託していたが、世紀転換期になる頃には三井物産をはじめとする日本商社が直接現地に赴いて買付を行う割合が高まっていた。また綿糸布の輸出に関しても、この時期に香港や中国大陸に日本商社が駐在員を派遣して市場の開拓を行なっており、それらを金融面で支援する意味で横浜正金銀行もこの時期に積極的に支店や営業所をアジア各地に設置した。政策面でも日本の工業化を促す意味で綿糸布輸出と綿花輸入に課される関税が免除され、こうした政府の後押しを受けた綿業の発展もあり、横浜正金銀行は神戸における貿易金融で中心的な役割を担うようになった。

このように世紀転換期、特に日露戦争以降、神戸の対外貿易金融において、横浜正金銀行は主要な役割を担っており、綿業に関する金融に関しては

---

(15) 新修神戸市史編集委員会『新修神戸市史』57-58ページ。
(16) 山口和雄「横浜正金銀行」山口和雄（編著）『日本産業金融史研究 紡績金融篇』東京大学出版会、1970年、を参照。

横浜正金銀行の関与する割合は他の外国為替銀行よりも大きかったと言われる。それではこの時期に神戸に支店あるいは営業所を設置していた横浜正金銀行以外の外国為替銀行はどのような規模で営業していたのか。特にいち早く神戸に進出していた香港上海銀行はどのような営業活動を行なっていたのか。先行研究でもこの点は十分に明らかにされていない。

4　神戸における対外貿易金融
(1)　神戸為替会社

　明治最初期の神戸の貿易金融を担った組織として神戸為替会社が挙げられる[17]。1869年に明治政府は貿易を管理する役所として「通商司」を設置し、その監督の下に全国の8つの都市に「為替会社」を開設した。神戸の場合、1869年9月に設置され、政府から太政官札で23万両が貸下げられ（そのうち15万両は正貨）、それに加えて各地の豪商から出資された資金とともに設立された。政府の主たる目的としては、為替会社の健全な発展とともに不換紙幣であった太政官札の円滑な流通を為替会社の業務を通じて促進することにあった[18]。為替会社の設立と同時に明治政府は通商会社も設立し、為替会社が紙幣を発行して通商会社に貸付けるというかたちで神戸における殖産興業を支える金融の仕組みを作った。また、為替会社が通商会社に貸し付ける業務のうち、明治最初期の神戸において最も重要な輸出品の一つであった茶を引き当てにして荷主や貿易商人に貸し付けるものも大きな割合を占めていたことから、為替会社は明治最初期の神戸における貿易金融において重要な役割を担っていたと言える。しかし、1871年7月に民部省通商司が廃止されたことを契機として、為替会社の業務も衰退した。

　神戸為替会社は1870年から身元金118千円で金券1種類（25両）を発行していた（1873年3月段階で1両＝1円）。発行高は50万両に達しており、

---

(17)　神戸為替会社に関する研究としては、新保博『日本近代信用制度成立史論』有斐閣、1968年、第5章、を参照。為替会社に関する近年の研究としては、鹿野嘉昭『日本近代銀行制度の成立史：両替商から為替会社、国立銀行設立まで』東洋経済新報社、2023年、第3章・4章が挙げられる。

(18)　新修神戸市史編集委員会『新修神戸市史』135ページ。

神戸為替会社にとって重要な資金源となっていたが、1872年11月の「国立銀行条例」の公布により、為替会社の紙幣発行権が否定されたことにより、神戸為替会社は否応なく国立銀行への転換が求められた。他の主要都市の為替会社も同様の転換が求められ、最終的には第二国立銀行へと転換した横浜為替会社以外はすべて解散する結果となった[20]。神戸為替会社の解散と同時に神戸通商会社も解散した。このように明治政府が主導するかたちで実施された通商司の下に為替会社と通商会社を置くという殖産興業政策は短期間で失敗に終わった。しかしながら、為替会社は江戸期の両替商金融から近代的信用制度としての国立銀行への移行を橋渡しする役割を担っていた点もあり[21]、今後の取り組むべき課題として残されている。

(2) 洋銀取引と外国為替銀行の進出

神戸為替会社が解散した後、神戸に神戸為替会社に代わる国立銀行を設立する動きはなく、明治初期の段階で神戸の貿易金融を担う地元資本の金融機関は存在しなかった。大蔵省理財局銀行課が編纂した『銀行課第一次報告』によると、1873年7月から1879年6月の段階で畿内には国立銀行10行の本店、5行の支店が設置されていた[22]。そのうち神戸市内に関しては、第七十三国立銀行の本店が置かれていたものの、他には第一国立銀行、第三十八国立銀行、第七十三国立銀行の3つの国立銀行の支店しか設置されていなかった。しかし、その唯一の地元資本で開業された第七十三国立銀行も

---

(19) 新修神戸市史編集委員会『新修神戸市史』134ページ。
(20) 横浜為替会社については、坂井素思「貨幣の生成と再生：横浜為替会社と貨幣・信用の発生」『放送大学研究年報』第22号、2005年、を参照。
(21) 新修神戸市史編集委員会『新修神戸市史』136ページ。両替商金融が江戸期から明治期に移行する過程でどのような変容を遂げたのかについては、石井寛治『経済発展と両替商金融』有斐閣、2007年、を参照。新保博によると、江戸期の両替商と為替会社、通商会社とのあいだには基本的な断絶を認めることは出来ないと指摘している。為替会社や通商会社は幕藩体制下における「物産総会所」方式の延長線上にある「国産会所」方式によって全国的商品流通機構を再編しようとした明治政府の流通主義的殖産興業政策に対応するものであった。それに対し、国立銀行は「官営工場方式」による政府の殖産興業政策に対応する信用制度であり、基本的に為替会社や通商会社とその歴史的系譜を異にすると指摘する（新保博『日本近代信用制度成立史論』第1章・6章；宮本又郎『日本企業経営史研究：人と制度と戦略と』有斐閣、2010年、43-44ページ）。
(22) 大蔵省理財局銀行課『銀行課第一次報告』大蔵省理財局銀行課、1880年、22-50ページ。本論文では1981年にコンパニオン出版から復刻された版を参照している。

開業翌年の 1885 年には本店を大阪に移しており、神戸を本拠とする国立銀行は大変少なかった[23]。このように神戸為替会社が解散した後の神戸の対外貿易金融は主要な担い手が存在しない状況になった。

また日本が日清戦争の賠償金を元手に金本位制に移行する 1897 年まで日本は事実上の銀本位制を採用しており、特に明治期の初めの頃は洋銀相場の趨勢は対外貿易を発展させていく上で最も重要な関心事の一つであった。明治政府の殖産興業政策において生糸をはじめとする輸出産業の振興と輸入代替産業の育成が根幹であったことから、洋銀相場の高騰を抑制することは明治政府にとって大変重要な政策課題であった。洋銀相場の高騰の理由としては、実際の貿易動向だけでなく世界各地の銀価格の変動を踏まえた投機も大きな要因とされていたため、明治政府はそうした過度な投機を抑制するため、1879 年に横浜洋銀取引所を設立して監督・統制しようと試みた[24]。同年に横浜洋銀取引所は横浜取引所と改称し、同時に東京と大阪の株式取引所でも金銀の取引が認められるようになったが、明治政府が意図した様な投機的な取引が抑制されることはなく、最終的にはいずれの取引所においても金銀貨の取引は縮小せざるを得なくなった。詰まるところ、国立銀行券をはじめとする不換紙幣の増発に伴う紙幣価値の下落という問題を克服しない限り、貿易一円銀は通貨として流通することはなく、洋銀相場の高騰を招き、銀貨自体は退蔵手段となるか海外に流出することになっていた[25]。こうした洋銀相場の高騰を抑制する組織として設立されたのが横浜正金銀行である。この時期の日本にとって最も重要な輸出品であった生糸の輸出を円滑に行うため、銀価格の高騰は避けるべき重要な政策課題であり、横浜正金銀行はそのための銀貨供給機関としての役割を付与されていた。しかし、横浜正金銀行

---

(23) 1882 年に鳥取から第六十五国立銀行が神戸に本店を移している。また 1895 年に山口の第百三国立銀行が安田善次郎からの資本をもとに神戸に移転している。新修神戸市史編集委員会『新修神戸市史』139 ページ。
(24) 幕末から明治最初期の横浜洋銀相場の動向に関しては、東京高等商業学校（編）『横濱開港當時之貿易状態並洋銀相場取引之沿革』東京高等商業学校、1914 年を参照。
(25) 山本有造『両から円へ：幕末・明治前期貨幣問題研究』ミネルヴァ書房、1994 年、第 2 部、を参照。

は国立銀行条例に準拠するかたちで設立されたにも関わらず、自らが銀行券を発行する権限は与えられていなかった。その代わりに手厚い保護を受け、政府から預けられた多額の預金や出資金等を活用して貿易金融に積極的に関与する中で紙幣を市中に供給する役割を担っていた。横浜正金銀行は1880年に神戸に支店を設置し、1885年からは政府の対外送金業務をすべて担うようになり、他の外国為替銀行と一線を画するようになった。[26]

　明治も中葉となり、神戸の貿易規模が拡大していくにつれ、横浜正金銀行以外にも神戸に進出してくる銀行は増えてきた。1878年段階で第七十三国立銀行が本店を設置する前、神戸には第一国立銀行と三井銀行の支店しかなかったが、1880年に三菱為替店が支店を設置しており、それ以降も先述した第六十五国立銀行が進出してきた他、第五十八国立銀行や第三十八国立銀行、加藤銀行や神田銀行といった銀行も神戸に本支店を設置するようになり、明治中葉以降、神戸の銀行の数は急速に増えた。また「国立銀行条例」との関連で銀行類似会社も多く開設されるが、対外貿易金融との関係はそれほど密接なものではなかった。[27]

　また神戸には開港直後から外国銀行が進出していた。主に横浜に拠点を設けていた外国商社が代理店を設けるかたちでの進出であったが、その数は1869年の段階で16社であった。しかし2年後の1871年には29社になっており、そのうち2社は外国為替銀行であった。[28] そして初めて神戸に

---

(26) 横浜正金銀行は神戸支店を設立した当初は、阪神財界の特に紡績業関係で中国大陸や朝鮮半島との貿易関係で利益を得ている人々から、適切な金融サービスを得られていないと不満が多かった。実際、1902年の日清銀行設立運動において、その不満は表面化した。日清銀行設立の動きは帝国議会の解散で廃案となったが、この動きを契機として神戸支店は銀貨圏の国々との貿易金融にも積極的に関与することになった。インドからの綿花輸入、中国大陸や朝鮮半島への綿糸布輸出に関して、横浜正金銀行は神戸の貿易金融において急速にその重要性を高めた（西村雄志「横浜正金銀行」1306-1326ページ）。

(27) 銀行類似会社に関しては、石沢久五郎『本邦銀行発達史』同文館、1920年、第2章、を参照。その数については、第一銀行の記録によると、1879年は162社、1880年は、274社、1881年は352社、1882年は438社、1883年は699社、と急増していたことが見て取れる（第一銀行八十年史編纂室（編）『第一銀行史 上巻』第一銀行八十年史編纂室、1957年、309ページ）。

(28) 新修神戸市史編集委員会『新修神戸市史』144-145ページ。

支店を設置した外国為替銀行こそ香港上海銀行であった（1870年5月）[29]。オリエンタル銀行は香港上海銀行から4ヶ月遅れて神戸に支店を設置した（1870年9月）。これら両支店の業務量は開設当初はきわめて少なく、1878年段階でも香港上海銀行の神戸支店の欧州人スタッフは支店長のモリソン（Morrison J.）と出納係のクレイグ（Craig J.J.）の2名であった[30]。しかし、神戸の場合、横浜とは異なり、外国貿易金融を担う日本国内の資本による金融機関の設立は遅れていた。1869年段階で神戸為替会社の設立はあったものの、国立銀行に改組することも出来ずに解散しており、近代的な日系の銀行組織が最初に神戸に進出したのは1873年の第一銀行の神戸支店であった。そのため香港上海銀行とオリエンタル銀行の神戸支店は、神戸における近代的金融機関の先駆的な役割を担ったものと考えられる。しかし、1880年に横浜正金銀行が神戸支店を設立すると、それまで神戸における外国貿易金融を独占してきた外国資本の外国為替銀行の立場も変化した。

オリエンタル銀行の場合、1884年に経営破綻し、事業を後継銀行が引き継いだものの、8年後にはその後継銀行も事業を断念して神戸支店も閉鎖された。なお1899年段階で香港上海銀行の他に露清銀行とチャータード銀行の2つの銀行が神戸に支店を設置しており、マーカンタイル銀行をはじめとする11の外国銀行が神戸に代理店を設けていた。先に見たように、神戸の

---

(29) 香港上海銀行が神戸に進出した当初は、その業務をアドリアン商会が代行していた。しかし、外国為替銀行が存在しないことに伴う不利益は大きなものがあり、そうした要望に応じるかたちで香港上海銀行が1870年5月に神戸支店を開設した。初代の支店長はヘンリー・スミス（Smith H.）であった（ジャパン・クロニクル紙 ジュビリーナンバー（堀博・小出石史郎共訳）『神戸外国人居留地』神戸新聞出版センター、1980年、170ページ）。

(30) 新修神戸市史編集委員会『新修神戸市史』145ページ。現在のHSBCのホームページにある1889年と1899年の神戸支店のスタッフを写した写真によると、1889年段階で欧州系のスタッフは4名、1899年段階で8名であった。写真の最前列に欧州系スタッフが並んでいるが、その中に中国系のスタッフが入っており、彼はComprador（Local Manager）と表記されている。神戸に香港上海銀行が進出してきた直後から神戸における業務において中国系商人の担った役割の大きさが写真からも見て取れる。https://history.hsbc.com/collections/snapshots/all-in-a-days-work/teamwork-through-the-decades-japan/2170849-photograph-of-the-hongkong-and-shanghai-banking-corporation-staff-in-kobe-japan?

香港上海銀行の営業規模は、従業員の数を見る限りでは大きなものではなかった。主に英国出身の欧州系スタッフの場合、第一次世界大戦前の段階では10名に満たない規模であったと推察され、主にLocal Managerの役割を与えられていたcompradorの中国系の人物を中心に中国人と日本人が神戸支店の営業活動を行っていたことが推察される[31]。そのため世紀転換期以降の神戸の対外貿易金融は横浜正金銀行が大半を担うようになっていたと考えられ、香港上海銀行のような外国資本の外国為替銀行の役割は先行研究において検討の対象とされてこなかった。

5　神戸の外国貿易金融の数量的概観

表5-2と表5-3は20世紀初頭の外国銀行の経営状況を当時の大蔵省銀行課が調査した資料を整理したものである。数値の元となるデータは各銀行が大

表5-2　横浜と神戸において外国銀行が行った預金業務（単位：円）

	定期預金		当座預金	
	横浜（神奈川）	神戸（兵庫）	横浜（神奈川）	神戸（兵庫）
1905	10,170,898	2,886,833		
1906	13,986,920	2,497,380	725,918,346	9,415,168
1907	13,525,480	4,222,427	929,875,835	53,627,299
1908	3,472,124	3,192,374	47,443,038	19,669,974
1909	15,870,356	4,673,677	177,302,054	55,882,000
1910	12,919,724	4,033,222	184,265,822	53,306,695
1911	12,226,337	5,334,830	123,223,064	51,136,360
1912	16,886,029	3,658,080	196,872,576	59,433,201
1913	15,454,331	5,900,945	124,192,951	67,611,293
1914	8,081,897	2,647,759	553,321,228	26,468,781

（出所）　大蔵省理財局（編）『銀行及擔保附社債信託事業報告』大蔵省理財局、各年。
（注）　上記の数値は一年の間の総預高を示している。

(31) 1923年段階でスタッフの数が50名近くとなり、欧州系スタッフの数も10名から20名程度になっているが、この段階でも中国系スタッフが中心となって神戸支店の営業活動を行っていることが、その従業員数の規模からも推察される。脚注30のURLを参照。

蔵省に提出することになっているが、支店の設立が認められたものの実際の営業が開始されていない場合あるいはデータの提出が滞った場合もあり、実際の支店・営業所の数と数値が合致しないこともある。そのため以下の２つの表の数値はあくまで概観を見出すための資料と言わざるを得ない。

表5-2は神戸と横浜に支店あるいは営業所を設置していた外国銀行の定期預金と当座預金の額を示したものである。いずれも年間を通じた総預高を挙げている。定期預金の場合、横浜の場合も神戸の場合も1905年から1913年の間に1.5倍から2倍程度の増加を示しているものの、その規模は大変小規模であったことが見て取れる。理由としては預金者の多くが日本に経済活動の拠点を置く欧州系商人であり、日本人商人が定期預金の口座を外国銀行に

表5-3　横浜と神戸において外国銀行が行った外国為替取引（単位：円）

	横浜（神奈川）								
	輸出為替					輸入為替			
	為替手形	荷為替手形	電信為替	銀行為替手形	合計	為替手形	荷為替手形	電信為替	銀行為替手形	合計
1905	18,937,692	88,417,274	85,958,015	14,916,143	208,229,124	4,125,557	75,264,627	18,063,581	4,090,594	101,544,359
1906	28,638,552	108,826,106	104,618,695	17,439,262	259,522,615	12,886,497	84,962,091	23,120,858	6,902,019	127,871,465
1907	18,096,630	169,100,544	71,889,420	20,662,785	279,749,379	433,265	88,202,796	6,578,186	19,269,499	114,483,746
1908	11,586,682	15,524,677	34,576,253	3,745,921	65,433,533	1,366,337	15,091,559	8,986,619	6,657,775	32,102,290
1909	18,681,074	246,928,654	210,825,203	24,255,180	500,690,111	17,159,947	55,091,649	88,459,266	21,673,636	182,384,498
1910	9,300,036	129,572,807	138,595,930	14,851,149	292,319,922	1,076,699	65,348,892	29,658,636	16,596,874	112,681,101
1911	4,164,359	114,899,737	68,319,065	11,422,110	198,805,271	435,524	59,558,020	22,605,410	13,625,906	96,224,860
1912	7,621,554	148,888,856	117,582,255	14,926,384	289,019,049	1,057,627	75,222,142	49,572,026	14,783,588	140,635,383
1913	5,901,840	157,181,194	104,913,289	11,728,788	279,725,111	590,324	67,932,078	34,200,366	16,381,158	119,103,926
	神戸（兵庫）								
	輸出為替					輸入為替			
	為替手形	荷為替手形	電信為替	銀行為替手形	合計	為替手形	荷為替手形	電信為替	銀行為替手形	合計
1905	11,585,162	26,686,348	52,203,805	8,113,307	98,588,622	21,021,349	54,236,425	6,849,995	1,619,120	83,726,889
1906	1,870,426	27,018,603	23,115,136	5,497,016	57,501,181	558,219	27,685,653	5,965,766	2,410,198	36,619,836
1907	40,206,713	41,958,253	42,997,121	2,147,034	127,309,121	19,706,263	51,922,837	12,003,049	1,728,102	85,360,251
1908	3,680,847	30,717,379	29,464,029	6,681,637	70,543,892	3,481,224	36,321,198	7,803,426	2,186,998	49,792,846
1909	12,857,945	47,945,704	52,184,212	9,747,747	122,735,608	3,420,887	39,932,712	12,861,544	3,095,604	59,310,747
1910	12,288,142	56,450,291	50,500,542	6,493,320	125,732,295	3,791,109	52,867,952	13,613,368	3,136,735	73,408,564
1911	6,338,564	51,610,078	40,095,923	7,576,499	105,621,064	952,605	64,280,683	11,157,980	3,010,391	79,401,659
1912	7,149,345	59,490,933	42,624,294	8,467,534	117,732,106	636,022	86,510,241	16,996,676	4,902,310	109,045,249
1913	6,987,288	76,460,921	60,437,100	9,202,231	153,087,540	457,689	98,881,197	19,067,317	7,106,471	125,512,674

（出所）大蔵省理財局（編）『銀行及擔保附社債信託事業報告』大蔵省理財局、各年。

設けることが少なかったことが考えられる。その結果、外国銀行の日本国内における貸付業務は大変小規模であり、顧客の貿易活動を支えるための輸出前貸金や倉庫保管時の金融等に限定されていたと推測される。それとは反対に当座預金の規模は定期預金と比べて横浜も神戸も額が大きなものになっていた。当座預金は顧客の信用情報の収集や信用状の発行等において大変重要であり、各外国銀行が提供する貿易金融のサービスにおいて重要な預金であったことから、この点からもこの時期の外国銀行にとって貸付業務より外国為替業務の方が中心的な業務であったと言える。神戸の場合、横浜と比較して定期預金も当座預金も規模的には半分にも満たないものであったが、支店と営業所の数が半分以下であった点を踏まえれば、一概に神戸における外国銀行の活動が横浜より小規模なものであったとは言えない。表5-3について見てみても、横浜と神戸における外国銀行がこの時期に行っていた外国為替業務において、横浜の規模が神戸を圧倒的に凌駕していることが見て取れる。また外国為替業務の中心的な取引が荷為替手形であった点は、外国銀行の主要業務が外国為替業務であったことを示すものであり、また輸出為替に占める電信為替の割合の高さも日本に進出していた外国銀行の主要業務が外国為替であったことを如実に示している。

表5-4　日本における外国為替取扱高と比率　1911年

(千円)

	輸出為替		輸入為替	
	取扱額	比率（%）	取扱額	比率（%）
横浜正金銀行	202,302	45.2	230,289	44.5
露亜銀行	12,001	2.7	14,750	2.8
独亜銀行	10,979	2.5	14,401	2.8
香港上海銀行	137,084	30.6	146,079	28.2
チャータード銀行	49,917	11.2	68,549	13.2
インターナショナル銀行	24,036	5.4	41,754	8.1
その他	11,114	2.5	2,020	0.4
合計（貿易額）	447,433	100.0	517,842	100.0

(出所) 大蔵省（編）『明治大正財政史　第17巻』大蔵省、1940年、480ページ。

次に表 5-4 を見てみる。この表は 1911 年段階における日本に支店あるいは営業所を設置していた外国銀行の輸出為替と輸入為替の取扱額を示したものである。香港上海銀行のように日本国内に複数の支店や営業所を設置していた外国銀行の場合、その集計値になっているため支店別の取扱額を示すことは出来ないが、各外国銀行の取扱額が横浜正金銀行と比較してどの程度の規模であったのか概観することは可能である。

日本の外国為替取扱高に占める外国銀行の割合は、1911 年段階においても 50％以上を占めており、日露戦争以降、日本の対外貿易金融において横濱正金銀行が中国大陸を中心に支店や営業所を設置してその重要性を飛躍的に高めていたとは言え、第一次世界大戦前夜の段階においても日本の対外貿易金融は外国銀行によって担われていたことが見て取れる。そのような日本の対外貿易金融を担っていた外国銀行の中でも特に大きな役割を担っていたのが香港上海銀行であり、1911 年段階で輸出為替の 30.6％、輸入為替の 28.2％を占めており、横濱正金銀行が同年に占めていた割合と比較しても、その重要性は小さいものではなかったと言える。また、神戸の場合は情報が収集された外国銀行が最大で 4 行であり、香港上海銀行の次に神戸において営業規模の大きかったチャータード銀行の取扱額が 1911 年段階で輸出為替と輸入為替ともに 3 倍近くの差があった点を鑑みれば、表 5-3 にある 1911 年における輸出為替あるいは輸入為替の神戸の数値の大半が香港上海銀行の取り扱いであったと推察することが出来る。仮に他の年度においても同様の傾向を示していたと考えれば、20 世紀初頭の神戸の対外貿易における香港上海銀行の担っていた役割は小さなものではなかったと言える。

6　香港上海銀行神戸支店の経営分析（1914 年）

神戸支店の分析に際して、先に述べた様に、第一次世界大戦前に関してある程度の数値データが記載されている資料は 1914 年 10 月 21 日付で香港の本店宛に提出された支店検査役報告書しかない。その他の年度の支店検査後報告書も残されてはいるものの、手書きや資料の劣化等で判読が容易ではなく、本稿では十分に活用出来なかった。そのため他年度との比較が難しく、

表5-5 神戸支店の主要資産・負債（1914年10月21日）．（単位：円）

資産				負債	
Cash (27th July)			593,009	Notes in Circulation	455
Silver Purchased Account			24,120	Current Account (30th September)	1,288,292
Yokohama Bond Account			142,500	Savings Bank (30th September)	59,103
Overdrawn Current Account			4,469,420	Fixed Deposits (31st July)	1,232,898
Loan (31st July)			2,818,854	Sanjushi Ginkko Clearing Account	10,715
Bills Receivable	Sterling	3,299,800		Instalment Account	57,940
	Branch	2,020,057		Bills Payable	7,434
	Yen	97,285	5,417,142	Interest in Suspense Account	178,893
London Office Acceptance			4,154,310	Contingent Account	227,989
Bills for Collection			959,742	Suspense Account	488
Bills Discounted			84,566	Cashier's Order Outstanding	16,905
Rupee Loan for Collection			515,490	Stamps in Hands	144
Bills Purchased (only Sterling) *			1,075,556	Tax Account	18,482
Rupee Bills Purchased**			1,164,494		

(source) Hongkong and Shanghai Banking Corporation Group Archives, *Inspector's Report on Kobe Branch*, 21st October 1914.
* 他の通貨分については大変少額のためここでは計上していない．
** この数値はルピーで記載されていたためポンドに換算した（杉原薫『アジア間貿易の形成と構造』ミネルヴァ書房、1996年、148ページ）．

　本分析によって第一次世界大戦前の香港上海銀行の神戸における活動の全体像を明らかにすることは難しい。しかしながら、資料的制約がある中において、限られた情報を分析することを通じて、第一次世界大戦前において香港上海銀行が神戸でどのような活動をしていたのか、その一端を明らかにすることには意義があると考える。また本報告書の中の数値も集められた日時が異なるものがある。そのため報告書の数値の間にも数カ月の差異があり、そうした点でも本資料には制約がある点を述べておきたい。

　表5-5は神戸支店の主要な資産と負債を示したものである。これを再構成してこの時期の神戸支店の貸借対照表に近いものを作成することも考えられるが、その作業は別稿に譲りたい。この表から見出される特徴としては、預金業務が他の業務と比較して小規模である点が挙げられる。また貸付業務も他の業務と比較して大きなものではなかった。これらの点から神戸における香港上海銀行の主たる業務は外国貿易に伴う金融であったと言える。

　香港上海銀行の神戸支店は大阪の第三十四銀行の銀行と代理店契約を結ん

でいた。第三十四銀行に clearing account を設け、阪神地域における小切手の回収等、第三十四銀行が香港上海銀行の代理店として活動していた。(32)また overdrawn current account については、第一次世界大戦が勃発した直後ということもあり、冒頭ではどのドイツ企業との取引関係を清算するか、あるいは維持していくかについて報告しており、後半ではそれ以外の欧州企業あるいは商人の経営状況を詳細に報告している。具体的には当座貸越を認めるか、その信用に足る企業であるか等の経営情報を加えながら報告しており、そのような顧客の大半は欧州系企業であった。一例を挙げれば、Japan Export co. については、銅を担保としてドイツ・アジア銀行とインターナショナル銀行と共同で Godown Warrant を保有しており、当初はそれらを現在の価値で換金すれば資金の回収は可能であると考えていたが、実際の経営情報は大変深刻であり、神戸支店も横浜支店とともに多大な被害を受けていた旨を報告している。(33)また神戸ゴム工業株式会社の Taito & Co. の債権・債務の関係については、神戸ゴム工業の財務状況は把握したものの Taito & Co. については十分に把握できず、神戸ゴム工業が自らの資産に抵当権を付すことで当座貸越に応じた旨の報告がなされている。報告書ではまた当時のゴム価格の市況についても述べられており、顧客の経営状況についても詳細な報告を検査員は受けていたことが見て取れる。(34)香港上海銀行の神戸における顧客の大半が欧州系企業ではあるものの、取り扱う商品はアジアから輸入されたものも多く、ゴムをはじめインドからの綿花やベンガルからの穀物等、多岐にわたっており、そのような商品の市況についても検査員は把握しており、神戸支店に不利益が生じないための方策を本店に向けて提案することも報告書の重要な役割であったと推察される。

ついで Bills Receivable に関してみた場合、過去2年と比較して減少しているが、その要因としては日本への輸入が減少したことが背景にあると思わ

---

(32) Hongkong and Shanghai Banking Corporation Group Archives, *Inspector's Report on Kobe Branch*, 21st October 1914, p.2.
(33) Inspector's Report, pp.12-13.
(34) Inspector's Report, pp.15-20.

れる。この時期に香港上海銀行は日本企業に対する信用状の発行を制限しており、総じて日本企業の取引を抑制する方向にあった。その要因は定かではないものの第一次世界大戦前夜の三井物産のインドからの綿花輸入の決済に些かならぬ弊害をもたらしたことは確かであった。また大阪の企業の場合は第三十四銀行が信用を担保することが求められており、第一次世界大戦前夜の段階で香港上海銀行の日本企業との取引が縮小傾向あるいはモニタリングを強化する方向にあったと言える。また三井物産や日本綿花といった綿花取引を行なっていた大きな商社との直接的な取引は本報告書の中でも見出せるものの、大豆粕を取り扱っていた事業所の小寺洋行と言った三井物産と比較して相対的に小規模と言える企業とどのような取引関係を行っていたのか詳細は見出されない。いずれも欧州系企業との関係性の中で信用調査を行なっており、報告書の記述からは中小の日本人商人との直接的な関係性は見出せない。しかしながら、彼らがどのような銀行と取引関係があるか等、詳細に調べている点から見ると、取引関係が全くなかったとも言い難く、今後の課題として残る。またLondon Office Acceptanceの場合、日本企業で名前が挙がるのは8社のみであり、その中でも三井物産と鈴木商店が大きな割合を占めていた。ロンドン支店との取引関係は神戸支店においても重要な業務の一つであり、顧客の大半が欧州系企業であることから見ても、この取扱額が大きいと言える。

　また表5-5からも明らかな様に、神戸支店の取引項目にRupee for CollectionあるいはRupee Bills Purchasedが挙げられており、この取引は大半が綿花の取引であり、主にインド系企業が関与するものであった。日本人商人も一部ルピー建の取引に関与していたものの、大部分がボンベイあるいはカルカッタに拠点を置くインド系企業であり、彼らは日本とインドの間

---

(35) Inspector's Report p.32.
(36) Inspector's Report p.32.
(37) Inspector's Report p.44. 本報告書によると、鈴木商店の金子直吉が1914年9月30日に香港上海銀行を訪問して鈴木商店の経営状況を詳細に話したとの記述がある。香港上海銀行も今後関係性を深めても良いのではと報告書は記載している。

の綿花取引を軸として、香港とボンベイあるいは神戸と上海との貿易にルピー建の取引を活用しており、香港上海銀行の神戸支店もこうしたインド系の人々のネットワークに金融面でコミットしていたと言える。

　また日本人商人が綿花を取り扱う場合、多くがスターリング建の手形を用いていたことが指摘されてきたが、表5-5を見る限り、スターリング建の取引とルピー建の取引の規模に大差がなく、この点からインド系商人が神戸に輸入する綿花取引に大きく関与していたことが推測される。あるいは日本人商人がルピー建の取引を受け入れていた可能性もあり、この点については1930年代の横浜正金銀行の神戸支店でルピー建の取引が拡大している点も参考にしながら今後さらに分析していく必要がある。

　定期預金あるいは当座預金に関しては、報告書にどのような人物が預金者になっているのか詳細な記述はない。当座預金に関しては、報告書の中で記載のあった欧州系企業や一部の日本商社が保有していたものと思われるが、各企業の当座預金の額等は不明である。なお当座預金に関しては、外国銀行は総預金額の25％を政府債あるいは地方債のかたちで預託する必要があったため、16,500円を浪速銀行に預けている旨の記載がある。[38]

7　むすびにかえて

　本論文は、第一次世界大戦前の神戸における香港上海銀行の営業活動について、1914年10月21日付で香港の本店宛に提出された神戸支店の支店検査役報告書（Inspector's Report）を主要な一次資料として、その一端を明らかにするとともに、香港上海銀行を含めた外国為替銀行が第一次世界大戦前の神戸においてどのような対外貿易金融を担っていたのか、こちらについてもその一部を明らかにしようと試みた。しかしながら、筆者の力不足のために十分な資料収集が進んでおらず、より詳細なところの分析については更なる資料の収集が必要なため別稿に譲らざるを得ない。しかしながら、本稿でもある程度の概要は見出せたと考える。そうした点をまとめて結論に代える。

---

(38)　Inspector's Report p.57.

神戸における外国貿易金融は、表5-4からも推察される様に、20世紀初頭の段階で横浜正金銀行が主要な地位を確保していた。特にインドからの綿花輸入と中国大陸や朝鮮半島向けの綿糸布輸出に関しては、他の外国為替銀行を圧倒していた。これは政府からの積極的な支援とともに横浜正金銀行自体が日露戦争の後に中国大陸各地に積極的に支店あるいは営業所を設置して日本人商人あるいは日本の商社の金融面の利便性向上に努めたことが大きかった。横浜正金銀行は両大戦間期には中国大陸だけでなく世界各地にネットワークを張り巡らし、日本の対外貿易を金融面で中心となって支えたことから、横浜正金銀行の活動については多くの先行研究がその営業活動を実証的に分析してきたものの、他の外国為替銀行の活動については十分に関心を寄せてこなかった。特に20世紀初頭の段階で日本の対外貿易の発展と横浜正金銀行以外の外国為替銀行の関係性については、先行研究は皆無に近い。その点でも本稿は若干の貢献ができるものと考えている。

　改めて表5-4を見てみると、1911年段階で香港上海銀行の取扱額は横浜正金銀行の7割程度の規模があり、表5-3においても横浜の外国為替の取り扱いの規模と比較して神戸の規模は決して小規模なものではなく、また神戸で貿易金融に関する営業活動を行なっていた外国銀行が4つであり、その中でも香港上海銀行が特に規模的に大きかった点を考慮すれば、この時期の神戸において香港上海銀行が外国貿易金融において担った役割を考察することには些かの意義が見出される。

　改めて具体的に香港上海銀行の神戸支店の規模を見てみる。まず預金規模はそれほど大きなものではなく、貸付業務も比較的小規模なものであった。貸付業務の多くは貿易に伴う輸出前貸金あるいは倉庫に商品が入った後の金融に伴うものであり、不動産業の貸し付け等は少なかったと思われる。検査報告書を見る限り、当座貸越を行う審査の中で不動産取引の記述が出てくるものの不動産取得のための貸付等は記載が少ない。これらの点から香港上海銀行がこの時点で預金業務や貸付業務への関心が強くなく、むしろ横浜正金銀行と同様に貿易金融の業務に軸足を置いていたことが見て取れる。

　また貿易金融の業務においては、顧客の大半が欧州系企業あるいは商人で

あり、三井物産や日本綿花のような規模の大きい商社は別として、ごく僅かに信用を得られた一部の日本人商人とのみ取引を行なっていた。また大阪の商人との間の取引に関しては、代理店の第三十四銀行を介して行うかたちをとり、日本人商人との直接的な取引関係については絞り込むかたちで行われていた。それでも外国為替の取引において横浜正金銀行に次ぐ規模を維持しており、香港上海銀行が神戸の対外貿易の拡大に大きく貢献したことは間違いなく、この時期に香港上海銀行と横浜正金銀行がどのような関係性を構築し、神戸の外国貿易金融を担っていたのか改めて検討する課題として残されている。

　第一次世界大戦前夜、日本の対外貿易は拡大していたが、それらは日本の商社あるいは商人たちが主導したものであり、それらを政府が主導するかたちで支店や営業所のネットワークを拡大させていた横浜正金銀行が金融面で支えていたと考えられてきた。しかし、本稿で明らかになった点から推察すれば、少なくとも貿易金融に関しては、この段階でも外国銀行に依存するところが大きく、横浜正金銀行の優位性は一部の地域あるいは商品の貿易に限定されていたと考えられる。香港上海銀行や他の外国銀行が神戸の対外貿易にどのように貢献していたのか、香港上海銀行の研究をさらに深めると同時に、この時期に香港上海銀行や横浜正金銀行と同じく営業所を設置していたチャータード銀行やアメリカ合衆国のインターナショナル銀行の活動についても改めて考察する必要がある。あるいはこの時期に既に神戸の財界でも主要な役割を担っていた中国系やインド系の人々がどのような金融を用いて経済活動を行なっていたのか、多角的な視座から神戸の対外貿易金融を更に考察していく必要がある。

第6章
1950年代日本の機械輸出と
「駐台工業技術服務処」

北　波　道　子＊

1　はじめに

　1953年8月26日、大阪府立貿易館によって台北市に工業技術相談所 (Japan Engineering Consultant Office, Taiwan) が開設された。1987年に閉館となるまで、大阪府立貿易館が海外に開設した工業技術相談所は、台北、カルカッタ (1958年、現コルカタ)、ジャカルタ (1959年、1966年にバンコクに移転)、香港 (1965年)、メルボルン (1969年)、サンパウロ (1973年) の6カ所であったが、台北はその第1号であり、戦後日本のアジア向け機械輸出をサポートする機関として先駆的役割を担った。中文では「駐台工業技術服務処」との名称で、開設に当って台湾省工業会の熱心な支援を受けたという。

　貿易館の海外機関には工業技術相談所のほかに、大阪商品斡旋所と駐在員事務所があり、これらの名称と照らしてみると、工業技術相談所の特徴的な任務が想像される。台北での開所の際に大阪府立貿易館の機関誌『大阪貿易館報』(以下、『貿易館報』) に掲載された記事では、工業技術相談所を「機械のサービス・センター」あるいは「サービス・ステーション」と表現している。すなわち、単に日本製の消費財の紹介や売込み、または貿易に関わ

＊関西大学・経済学部・教授
(1)　ジャカルタとバンコクを別々と考えると7カ所。
(2)　「機械のサービス・センター　台湾工業技術相談所近く開設」『大阪貿易館報』
　　1953年4月号、28ページ。
(3)　同上。

145

る情報提供や連絡だけでなく、日本製の機械輸出に伴う技術的なサポートを担う点がその特徴である。実は1950年代には、大阪府立貿易館以外にも、愛知県・名古屋市・名古屋商工会議所が、インドとマラヤに工業相談所を、また、日本政府も日本機械輸出組合と共同で「重機械類技術相談室」を海外6カ所（タイ、ビルマ、インド、パキスタン、ブラジル、アルゼンチン）に設置していた。日本の機械輸出は、発展途上国を新たな市場として開拓を始めたばかりであったのである。とはいえ、台湾には、1895年から50年間の日本の植民地であった歴史があり、そのため戦後に日本との貿易が再開された際には、既に日本製の機械の重要な市場の一つとなっていたという特殊な事情があった。

　1945年8月のポツダム宣言受諾後、1952年4月28日に平和条約が発効するまで、日本は連合国軍の占領下にあった。敗戦国日本の主権は制限され、対外経済関係も連合国軍の統制下におかれたのである。一方、日本帝国の解体に伴って、台湾は中華民国に接収され「中国の一省」とされた。この過程で台湾経済は日本から切り離され、中国大陸と連絡するが、1946年の第二次国共内戦の勃発と形勢悪化を経て、1949年には中国国民党政府は敗退し、原材料の供給源と製品の巨大市場と期待されていた中国大陸を失ってしまう。そのような時代背景の中で、1950年にGHQの主導で中華民国との間でオープンアカウント（精算勘定）による貿易協定が締結され、日本と台湾の貿易が再開した。[4]日台双方はともに外貨不足に苦しむ状況下で、計画貿易を実施し、この方式は1961年まで継続した。

　台北の工業技術相談所は、なぜ必要とされ、どのように運営され、具体的にはどのような役割を果たしたのであろうか。現在、アジアに構築されている貿易ネットワークおよびグローバルバリューチェーン（GVC: Global Value

---

(4) やまだあつし「1950年代日本商社の台湾再進出」『人間文化研究』第18号、2012年12月、213-222ページ、同「1950年代日台貿易交渉―1955年第2回交渉を中心に―」『人間文化研究』第19号、2013年6月、91-98ページは、1950年代の日本と台湾の経済関係の再構築過程を整理した、本研究の先行研究の一部である。また、許珩『戦後日華経済外交史1950-1978』東京大学出版会、2019年はこの間の外交交渉過程を丁寧に分析している。

Chain）を考えると1950年代の貿易やプロモーションの活動は規模も小さく、個別事例の代表性を正確に測定することは困難である。しかしながら、そこには現在につながる台湾企業と日本企業の提携の芽があり、1960年代以降の旺盛な直接投資（FDI: Foreign Direct Investment）や合弁事業につながる布石を見つけることができるのではないか[5]。

1950年代、大阪府立貿易館が海外出先機関として日本工業技術相談所を設立したのは、輸出の主力商品がそれまでの繊維や消費財ではなく、機械製品へとシフトして行く過程を反映してのことであった。本章では、戦後日本の台湾への機械輸出の拡大と、その過程で台湾工業技術相談所が果たした役割に着目しながら、東アジアのネットワーク構築の起点を探っていく。

2　日本の国際社会への復帰と1950年頃の日台経済関係

第二次世界大戦後の連合国側の対日占領政策は、日本の非軍事化を第一義的なものとする方針から、1948年に至るころには、明示的に日本経済の復興と自立を促す方向へと転換していた[6]。こうした背景から、1949年4月には単一為替レートが設定され、12月からは「外国為替及び外国貿易管理法」および「輸出貿易管理令」が施行され、輸出入取引が民間へと移された。1950年1月からは「輸入貿易管理令」が施行され、援助輸入を除く輸入取引が民間へ移されて、連合国管理貿易の時期は終了となった[7]。

1950年5月、池田勇人大蔵大臣と米国の金融政策顧問ジョセフ・ドッジが会談し、日本輸出銀行設立の構想が始まり、その年末の12月15日には「日本輸出銀行法」が公布施行された。資本金は150億円で、「政府が一般会計及び米国対日援助見返り資金特別会計からその全額を出資する」とある。第1条には「本邦の輸出貿易を促進するため、一般の金融機関が行う輸出金融を補完し、又は奨励することを目的とする」とあり、輸出事業者への融資

---

(5)　劉仁潔主編『日系企業在台湾』遠流出版、2001年
(6)　経済再建研究会編『ポーレーからダレスへ―占領政策の経済的帰結―』ダイヤモンド社、1952年。
(7)　『大阪府国際経済交流100年の歩み』30ページ。

による輸出貿易促進が謳われる一方、輸入は「国内消費と同じであり、日本は国内消費を抑制し輸出に充てるべきという（米側の）強い主張」から当初輸入事業者への融資は想定されなかった。同行が日本輸出入銀行となるのは1952年4月のことである。

『貿易館報』1950年12月号の「内外情報」欄には、10月28日に台湾省政府外国貿易委員会は日本との貿易に関する制限を事実上全廃するに決定したという記事が掲載され、台湾との貿易に対する強い関心が示されている。これは、日本との貿易については暫くの間その品目、数量について如何なる制限も課さないという「朗報」に見えた。とはいえ、「もっとも台湾銀行は日本から商品を輸入する中国商人への外国為替供与額について自由に決定を行い、また統制を行うことが出来る」と但し書きがあり、要は、貿易は自由化したが、支払いに充てられる外貨には厳しい統制が課されていた。日本も台湾も物資の不足から貿易を行いたい事情は各層にありながら、外貨不足に直面し、輸入を制限する厳しい政策が採用されていたのである。

1951年9月8日に調印された平和条約と安全保障条約は11月18日に国会を通過し、批准された。一方、日本の在外事務所が台北に設置されたのはその前日、11月17日であった。「中国の承認問題」において、「主として経済上の理由から来る日本の中共接近に対する危惧」は大きかったという。しかし、第二次世界大戦後、国際社会に再デビューした日本は台湾の国民党政府を公式な国交締結のカウンターパートに選んだ。その背後には、米国の意向が強く働いていた。こうして、1952年4月28日には、日華平和条約が調印された。

表6-1は、1952年の日台貿易状況を表している。出典は1953年9月20日

---

(8) 国際協力銀行「戦後復興とJBICの前身「日本輸出銀行」誕生。貿易立国の歩みはこの時から始まった」https://www.jbic.go.jp/ja/information/today/today_202301/ jtd_202301_column1.html（2024年9月30日閲覧）。
(9) 『貿易館報』1950年12月号、17ページ。
(10) 外務省『日本外交文書　平和条約の締結に関する調書　第5冊（Ⅷ）』39-58ページ。https://www.mofa.go.jp/mofaj/annai/honsho/shiryo/archives/pdfs/heiwajouyaku5_07.pdf この間のやり取りについては許珩、2019年、33-38ページに詳しい。

表6-1　1952年台湾の貿易状況

(千ドル)

	輸	出			輸	入	
	総輸出額	対日清算勘定	%		総輸入額	対日清算勘定	%
砂糖	69,684	41,871	*60.30	肥料	12,722	6,727	52.88
米	23,240	15,959	68.67	小麦粉	7,862	5,518	70.19
茶	5,745	362	6.30	塩魚	3,505	2,270	64.75
塩	2,540	1,787	*66.43	綿糸布	9,060	2,426	26.78
シトロネラ油	2,448	165	6.74	金属製品	11,525	8,047	69.83
バナナ	6,634	2,301	34.69	機械器具	9,414	7,618	80.92
石炭	160	160	100.00	車輛、船舶	4,988	3,834	*76.87
パイン缶	2,012	495	24.58	薬品	6,823	1,929	28.28
羽毛	1,564	68	4.33	ゴム製品	3,452	1,523	44.12
麻類	506	445	88.06	大豆	8,946	440	4.92
その他	4,994	1,737	34.79	その他	40,385	12,217	*30.25
総計	119,527	65,350	54.67	総計	115,225	49,857	43.27

(注)　＊は、算出される％と掲載数値が0.02以上相違しているもの。
　　　□の数値には抜けがあったために、％から逆算した。
　　　＿＿を付した輸入の総計は輸出される合計値と一致しない。
(出所) アジア問題研究会『東南亜進出への一環としての台湾の経済実態について　昭和28年9月20日』1953年、16-18ページから作成。原典は台湾銀行の統計数値。米国援助による輸入を除く。

付で発行されたアジア問題研究会による『東南亜進出への一環としての台湾の経済実態について』という小冊子である。これによれば、「台湾の貿易は概ね原料輸出、製品輸入の形式をとっている」と説明されている[11]。第二次大戦直後、旧植民地の発展途上国貿易では、工業国である旧宗主国への原料（あるいは食糧）輸出と製品輸入という貿易パターンが一般的であった。確かに、表6-1を見ても1952年の台湾の最大の輸出品は砂糖であり、次は米で、この2品目で77.7％を占める。そして、全輸出の54.6パーセントを日本とのオープンアカウント貿易が占めている。一方で、最大の輸入品目は化

---

(11)　アジア問題研究会『東南亜進出への一環としての台湾の経済実態について』1953年、15ページ。

学肥料であり、次が金属製品、そして機械器具であるが、どれも10%前後を占めるに過ぎない。輸出品に比べるとその他の比率が大きく、消費財の輸入が多い可能性も示唆される。全輸入に占める日本向けの割合も43.27%と大きい。

　農業中心の経済構造であった元植民地――しかも、敗戦した日本の――の台湾が1960年代以降、急速な輸出志向型工業化を成し遂げ、経済発展を開始すると予測している人は皆無であった。しかし、現在を知ってしまった視点でみると、1950年代の台湾ではすでに工業化への助走が随所で始まっていたようにも見える。[12]このため、ここでは特に民間の中小資本においても生産設備である機械・器具の需要が旺盛であった点を指摘したい。例えば、後に松下電器と技術提携し、1962年に台湾松下を設立する洪建全は、1949年から日本と貿易をしており、部品を輸入してラジオや無線機を組立て、販売していた。しかし、厳しい外貨管理と輸入規制が敷かれていたため、国内メーカーが1社でも内製化に成功したと申請したら、その部品はすぐに輸入禁止となって製品製造に支障をきたすという状況であった。[13]洪は貿易会社（建隆行）を工場（建隆電機廠）に変え、製品の組み立て販売に加えて、入手できなくなった部品を製造するようになった。その後、部品の安定的製造などを求めて56年に技術提携した流れは既述の如くである。そのような企業家は彼一人ではなかったであろう。台湾企業の、川下から川上へと部品や原材料を内製化していく、絶えざる産業高度化の姿勢は一つにはこのような環境下で身に付けられたのではないかと考える。

　当時の台湾の中小企業主をどのように想像すべきか。埼玉銀行調査部が1967年9月に発行した『台湾：国際協業時代の戦略的拠点』に、「合併相手

---

(12)　台湾の経済発展については、1990年代以降の研究では、特に1930年代末に工業生産額が農業生産額を凌駕して持続的な生産増大を始め、既に「経済のテイクオフ」が起こっていたと考えられるようになっている。但し、厳密なテイクオフの定義については、ここでは議論しない。北波道子『後発工業国の経済発展と電力事業』晃洋書房、2003年等。

(13)　当時の状況は、鄭秋霜『大家的国際牌洪建全的事業志業』国際電化商品股份有限公司、2006年、堀正幸『松下の海外経営』同文舘出版、2000年などに詳しい。

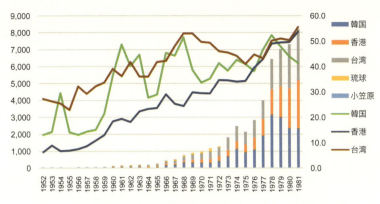

図6-1　日本の東アジア向け機械輸出総額と輸出に占める機械の比率
（百万ドル、％）

出所）日本機械輸出組合『機械輸出30年統計集：1952～1981』1982年。

方の選定」として、興味深い記述がある。曰く「台湾の官公吏が主として外省人からなり、経済界が本島人及び華商によって占められているといった複雑な人的二重構造性から、官財界の双方に円滑な力を有する相手方と提携できれば最も効果的である。」そして、財界人との提携である場合も、「工業資本家との合併の場合は企業将来の発展という共通目的に立って協調が行われるが、商業資本家との提携は、とかく、果実及び元本の性急な回収に傾き易く、企業育成のための遠大な意図との間に、中途で意見の対立が発生することになりがちな傾向もある」(14)という。ただし、当時の台湾において官にも民にも顔が利く人物との合弁を実現するのは至難の業であったろう。また、台湾松下の堀正幸の体験談からは、合弁相手は工業資本家および商業資本家の両方の特性を備えており、利益の分配やロイヤリティの支払いなどにおいて不満があったように見受けられる(15)。その辺りの不協和音を抱えながらのビジネスがまた、台湾資本に産業高度化へのインセンティブを与えていたので

---

(14) 埼玉銀行『台湾：国際協業時代の戦略的拠点』埼玉銀行、1967年、119ページ。埼玉銀行の本にはもう1点、台湾側提携者は土地、工場等を以て出資するケースが多く、その場合評価額でトラブルになることへの注意が喚起されている。
(15) 堀正幸、前掲書。

表6-2 主要アジア諸国向け機械輸出と技術者派遣実績

(人、千ドル、％)

国・地域名	1954年1月～1956年12月		3年平均構成比			
	派遣人員	機械輸出額(千ドル)	派遣人員	順位	輸出機械	順位
インド	72	60,427	8.7	4	22.7	1
台湾	248	45,027	29.9	2	16.9	2
パキスタン	250	41,034	30.1	1	15.4	3
インドネシア	49	30,310	5.9	5	11.4	4
タイ	47	23,857	5.7	7	9.0	5
フィリピン	87	22,271	10.5	3	8.4	6
ビルマ	44	15,058	5.3	6	5.7	8
香港	24	16,519	2.9	8	6.2	7
インドシナ	7	10,761	0.8	9	4.0	9
セイロン	2	1,198	0.2	10	0.4	10
合計	830	266,462	100.0		100.0	

出所)『経済協力の現状と問題点』1958年度、243ページ。

はないだろうか。

さて、日本機械輸出組合がまとめた『機械輸出30年統計集』のデータを図6-1のグラフに描いてみると、日本の東アジア向けの機械輸出は、1960年代半ばと、1970年代後半に大きな転換点を迎えている。具体的には、1952年の3790万ドルから1959年には7416万ドルと2倍に、1960年代には1億2786万ドルから9億1304万ドルと8倍になり、1980年には70億ドルを超えるなど急速に増大した。アジアNIEs (Newly Industrializing Economies) と呼ばれた台湾、韓国、香港、シンガポールのうち、図1には前3者のデータが整理されている。折れ線グラフは輸出に占める機械の比率である。これを見ると、台湾向けの輸出中、機械類は1950年代から30パーセントを超える割合を占めており、後にアジアNIEsとして並べられる韓国、香港と比べても、高い比率を占めていたことがわかる。この、機械・器具に対する旺盛な需要と、それに伴う現地の強い要請が、1953年という早い時期に台湾に工業技術相談所が開設された要因の一つであったと考える。

通商産業省の経済協力に関する白書『経済協力の現状と問題点』1958 年版にまとめられた、1954 年 1 月から 1956 年 12 月の 3 年間の主要アジア向け機械輸出及び派遣技術者実績でも、台湾は輸出総額、派遣人員数ともに 2 位と重要な位置を占めている。機械輸出額で 1 位はインドであるが、金額に比して派遣技術者が多くないのは、インド向け機械輸出の 60 〜 70％が鉄道車輛で、一般プラント類の輸出ほど、技術者の派遣を必要としないためであった。表6-2 では、派遣技術者数 1 位はパキスタン（250 名）であるが、2 位の台湾も 248 名で、ほとんど差がない。ここからも戦後初期、日本の貿易、特に機械輸出において台湾が重要な位置を占めていたことがわかる。もっとも、表6-2 のデータは 1954 年 1 月からであり、この数値自体は台湾に工業技術相談所が設置された理由というよりも、成果であるといえるかもしれない。

3　台湾工業技術相談所の開所と機械輸出振興委員会

1953 年 3 月 31 日の大阪府議会の本会議で、貿易館の当該年度事業として、海外技術相談所の設置が確定した。設置の主要な理由として、終戦後、東南アジア各地における軽工業の勃興に伴って、日本から軽工業用の生産機械設備が相当輸出されたにもかかわらず、ただ輸出するだけで、現地におけるサービスが行き届いていなかったことが挙げられている。これが、「わが国の機械輸出界の最大の弱点であって、ただそれだけの理由で需要者の不評を買い、したがって当初の期待に反して輸出が伸び悩みとなっていることは、既に周知の事実である」とまで述べられている。既述のごとく第二次世界大戦後、主権国家として外国との外交および通商関係を一から再構築しなければならなかった日本の、特に個々のメーカーにとって、それぞれが市場とする各国にサービス・ステーションを設けることは、事実上不可能であっ

---

(16)　『経済協力の現状と問題点』1958 年度、243 ページ。
(17)　『貿易館報』1953（4）、3 ページ。
(18)　『貿易館報』1953（4）、28 ページ。
(19)　『貿易館報』1953（4）、28 ページ。

資料 6-1　海外機械輸出振興委員会会則

第1条　海外機械輸出振興委員会（以下単に委員会と称する）は台湾工業技術相談所の経理及び運用に関する基本的事項の審議及び決定並びに運営にあたる。
第2条　本会に左の委員をおく。
  1. 名誉委員長　1名
  2. 委員長　　　1名
  3. 委員　　　　若干名（内若干名を常任委員とする）
  4. 会計委員　　2名
第3条　名誉委員長は大阪府主管副知事をもってこれにあてる。
第4条　委員長は日本機械輸出組合副理事長兼関西支部長をもってこれにあてる。
 2　委員は大阪府その他の関係機関の役職員、日本機械輸出組合の組合員および学識経験者中より委嘱する。
 3　会計委員は大阪府関係職員および日本機械輸出組合の組合員中より1名宛委嘱する。
第5条　委員長は本会を代表し、大阪府立貿易館との密接な連繋のもとに会務を総理する。
 2　委員は委員会を組織し、台湾工業技術相談所の重要事項を審議決定する。
 3　常任委員は台湾工業技術相談所の業務の運営にあたる。
 4　会計委員は事務局および在外相談所の資産の状況並びに会計事務を監査する。
第6条　委員会に事務局をおく。
 2　事務局は日本機械輸出組合関西支部内におく。
第7条　本会に名誉顧問および顧問をおく。
 2　名誉顧問に大阪府知事を推戴する。
第8条　本会に専門委員会をおく。
 2　専門委員会は大阪府その他関係機関および日本機械輸出組合の各機種別部会員中より委嘱した者をもって構成する。
 3　専門委員会は輸出機械の各機種に属する専門的事項を審議する。
第9条　専門委員会は原則として毎月1回これを開催し必要と認めたときは臨時に開催する。
第10条　委員長は本会の決定事項その他運営に関する事項について、大阪府知事に即時報告するものとする。
第11条　事務局に関する規定は別に定める。
附則
第12条　委員会を解散し又はこの会則を改廃しようとするときは委員会の議決による。
第13条　この会則は昭和28年5月7日から施行する。

海外機械輸出振興委員会役員（順序不同）

名誉顧問	大阪府知事	赤間文三
顧問	大阪通商産業局長	桐山喜一郎
	大阪市長	中井光次
	大阪商工会議所会頭	杉道助
相談役	大阪府副知事	山村庄之助
	大阪府副知事	大塚兼紀
	大阪府会商工常任委員長	高橋重夫
	大阪貿易会会長	小畑源之助
名誉委員長	大阪府副知事	大森通孝
委員長	日本機械輸出組合副理事長、同組合関西支部長、亜細亜自転車貿易株式会社取締役社長	荘司茂樹

第6章　1950年代日本の機械輸出と「駐台工業技術服務処」

委員	大阪府商工部長	油谷精夫	兼松株式会社代表取締役	益田乾次郎
	大阪府立貿易館長	越智実	株式会社久保田鉄工所取締役社長	小田原大造
	大阪府立工業奨励館長	佐藤正典	株式会社栗本鉄工所取締役社長	栗本順三
	大阪府立産業能率研究所長	大内次男	光洋精工株式会社取締役社長	池田善一郎
	大阪府立繊維工業指導所長	真子重路	丸紅株式会社取締役社長	市川忍
	大阪通商産業局商工部長	藤田久一	松尾橋梁株式会社取締役社長	松尾岩雄
	大阪通商産業局通商部長	佐々木彰一	松下電器貿易株式会社代表取締役	陣内恒雄
	大阪市経済局長	植田五一	日綿実業株式会社取締役社長	岡島美行
	大阪商工会議所専務理事	伊東俊雄	株式会社大阪機械製作所取締役社長	永井幸太郎
	海外市場調査会事務局長	岡部邦生	株式会社大阪機械製作所取締役社長	本田菊太郎
	中日経済協会専務理事	佐藤三郎次	大阪機械株式会社取締役社長	星住鹿次郎
	大阪府工業協会事務局長	園田理一	住友機械工業株式会社取締役社長	鮫島龍雄
	安宅産業株式会社代表取締役	猪飼久太郎	住友商事株式会社取締役社長	田路舜哉
	ダイハツ工業株式会社取締役社長	竹崎瑞夫	田熊汽罐製造株式会社取締役社長	黒田仙吉
	江商株式会社取締役社長	駒村資正	東洋ベアリング製造株式会社取締役社長	小野重一
	日立造船株式会社取締役社長	松原与三松	東洋綿花株式会社取締役社長	鈴木重光
	伊藤忠商事株式会社取締役社長	小菅宇一郎	株式会社椿本チェーン製作所取締役社長	椿本説三
	岩井産業株式会社取締役社長	岩井雄二郎	湯浅金物株式会社代表取締役	奥村勇次

(出所)『貿易館報』1953年5月号17-18ページ。

た。特に工作機械等を輸出する中小製造業が数多く存在した大阪では、こうしたサービスの要請に応える必要性が重視されていたのである[20]。そこで、大阪府立貿易館が、日本機械輸出組合関西支部と協力して海外機械輸出振興委員会（以下、委員会）を発足し、それを運営母体として工業技術相談所を設置し、日本の機械に関するサービスを請け負うことになった。

　相談所は、将来的に「東南アジア各主要都市に」設置するようになるという構想が設立当初より謳われていた[21]。ただし、1953年5月7日に制定された委員会会則の第1条には「海外機械輸出振興委員会は台湾工業機械相談所の経理及び運用に関する基本的事項の審議及び決定並びに運営にあたる」とあり、第5条にも、2項と3項で、「台湾工業技術相談所」と明記している。ここから委員会設立当初は、台湾での設置のみが具体的な確定事項だったのではないかと推察できる。それにはもちろん、予算的な制約もあったはずである。

　工業技術相談所を開設し運営した大阪府立貿易館は、大阪府の予算で運営

---

(20) 中後巳次「機械輸出と工業技術相談所の役割」『貿易館報』1965 (10)、2-5ページ。
(21) 『貿易館報』1953 (5)、17ページ。

されており、その歴史は、1890年11月に設立された府立商品陳列所に始まる。当時大阪商人は海外との直接取引に消極的で、貿易は大阪・神戸在住の外国商人によって仲介されていた。そこで、西村捨三知事は、欧米の商品陳列所を参考に堂島浜通二丁目に府立商品陳列所を設置し、広報活動や情報収集など、貿易業界の発展を促した。この商品陳列所は火事で焼失してしまったが、1917年に内本町橋詰町の府立博物場内に再建され、1930年1月に大阪府立貿易館と改称された。(22)1941年の太平洋戦争勃発後、貿易館は、大阪府、大阪市、大阪商工会議所の貿易担当部を統合して大阪府南方院に再編されて南方諸国の資源調査と資源開発を行う機関とされた。戦後、南方院は1945年12月に解散となり、1946年1月から再び貿易館としての活動を再開した。

日本機械輸出組合は、1952年に「輸出取引の秩序を確立し、機械の輸出貿易の健全な発展を図ることを目的として(23)」、輸出入取引法に基づいて設立された同業者組合組織である。同組合は1953年11月に重機械類技術相談室事業を開始し、プラント輸出振興を目標にリオ・デジャネイロ、ブエノス・アイレス、バンコク、ラングーン、ニューデリー、カラチに海外相談室（Japan Machinery Consultants）を設置したが運営がうまくいかずに、業務を1955年に設立された日本プラント協会に移管した。(24)『日本プラント協会10年史』には、日本機械輸出組合という軽機械を含む機械類全般を扱う団体に付設されたことが、失敗の原因であったと書かれている。国庫から1953年に8000万円、1954年に1億円が確保されていたが、これに見合う民間負担金の拠出が振るわなかったというのである。ちなみに、名古屋商工会

---

(22) 大阪商品陳列所に関する研究は、三宅拓也「近代日本の技術革新を支えたミュージアム－大阪府立商品陳列所に見る陳列所の一側面－」『第4回　国際シンポジウム　日本の技術革新：理工系における技術史研究　講演集・研究論文発表会論文集』2008年12月、159-164ページ

(23) 日本機械輸出組合ホームページ、理事長あいさつ。https://www.jmcti.org/jmchomepage/shoukai/hajimeni/（20224年9月30日閲覧）

(24) 「10周年迎えた日本機械輸出組合」『月刊自動車部品』6（7）（54）1962年7月、86-87ページ。『日本機械輸出組合30年史1952〜1982』1982年。日本プラント協会『日本プラント協会十年史』1967年、1〜6ページ。

議所も、愛知県と名古屋市と共同で、日本海外工業技術協力会を設立し、それを運用母体として、1956年にインドのマイソール、1959年にクアラルンプールに工業相談所を設立した。(25)これらは、運営母体とそれぞれの任務は同じではないが、東南アジアの主要都市に日本の工業技術に関する「相談室」を置くという貿易館の目標は、1950年代にある意味で実現していたといえるかもしれない。

話を機械輸出振興委員会に戻そう。1953年5月7日午前10時より、国際見本市会館で、委員会結成に関する懇談会が開催された。(26)貿易館の村上通商部長が開会を宣言し、台湾工業技術相談所（Japan Engineering Consultant Office, Taiwan）の設置およびこれに伴う予算案について説明を行い、満場一致で可決した。その後、午餐会に入り、その席上では、大森副知事、黄中国総領事、猪崎安宅産業代表取締役が挨拶した。また、初代相談所長には大阪府立工業奨励館の安富茂機械第一課長を任命することに内定、その旨、大森副知事より紹介された。

副知事の挨拶では、朝鮮ブームの終了により、また、これまで日本の綿糸や雑貨の市場となっていた新興国が工業製品の自給に力を入れている現状により、日本の対外貿易の内容が機械、プラント輸出にその重心を移しつつあること、特に大阪の機械輸出業界にとっては、「大規模なプラント等の輸出もさることながら、それよりも一般的な需要の多い軽工業用機械器具の輸出振興を図ることが、更に急務」との考えが述べられている。そして、機械器具の輸出販路の開拓には、消費財のそれとは異なり、機械の据付、運転操作、修理、性能のテストなど非常に複雑かつ地味なサービスが必要であることがこの副知事の挨拶にも述べられている。しかしながら、後述する相談所の作業報告からもわかるように、現代の我々が当然と考えるような機械やプラントの輸出に伴うはずのこれらのサービスが、当時は全く行き届いていなかった。その状況は、その後の日本企業や日本製機械の輸出状況を考えると

---

(25) 『名古屋商工会議所月報：那古野』1956年4／5月号、5ページ。
(26) 「海外機械輸出振興委員会愈々発足　台湾工業技術相談所運営の主体」『貿易館報』1953年5月号。17-19ページ。

耳目を疑うようなありさまであるが、逆に言うと工業技術相談所のような活動が地道に重ねられたからこそ、日本の機械輸出が現在のように成長できたと考えられる。大森副知事のあいさつは、以下のように結ばれている。

「最後に、この事業は荘司副理事長をはじめ、在阪日本機械輸出組合員各位の非常な御熱意と御努力とによりまして、あらゆる困難を克服せられ、予想外に速やかに実施の運びとなったのでありまして、私はここに改めて業界関係各位に対し、深甚なる敬意と感謝の意を表する次第であります。」

また、副知事挨拶では触れていないが、台湾側の熱心な支援も、台湾工業技術相談所の迅速な開所実現要因としてしばしば言及されており、歓迎していた機関として、台湾省工業会の名前が挙げられている[27]。同会は、1947年10月27日に設立された、中華民国台湾地区の民間企業の業界団体である。中華民国に接収後、戦前台湾の大企業や近代的な大規模工場等の日本資産は接収されて公営企業に再編された。一方、中小企業や町工場などでは戦前から台湾人（本島人）による商売や加工業等が盛んにおこなわれ、加えて接収資産の中で小規模な事業は民間に払い下げられるなどした。1960年代以降の高度成長を振り返る研究では、戦後台湾の経済発展を牽引してきたのは大資本の公営企業ではなく、こうした小規模民間資本であると指摘されている[28]。1953年当時の台湾省工業会の理事長は、1918年から続く大同公司の2代目の林挺生董事長であり、彼は台湾区電工器材同業公会の理事長でもあって本省人資本を代表する実業家であった[29]。また、行政機関としては台湾省政府建設庁が担当になっており、工業技術相談所は、設立当初から、所謂台湾の「土着資本」との結びつきが強かったと考えられる。もっとも1963年5月9日に同相談所の10周年記念式典に出席するために佐藤知事が渡台

---

(27) 注13と同じ。
(28) 戦後台湾の経済発展を牽引してきたのは、大企業の公営企業ではなく、民間の中小企業であったことは多くの研究で指摘されている。例えば、服部民夫・佐藤幸人編『韓国・台湾の発展メカニズム』アジア経済研究所、1996年。石田浩『台湾経済の構造と展開 第2版：台湾は「開発独裁」のモデルか』大月書店 2003年等。
(29) 司馬嘯青『台湾企業家的日本経験』玉山社、2001年、129-141ページ。

した際には、6日間滞在して「蒋介石総統をはじめ陳成国民党副総裁、何応欽将軍ら要人と会う予定」と書かれており、「中央」政府の側でもかなりの歓迎ぶりであったと考えられる。[30]これは何よりも、相談所が、彼らに求められていた役割を十分に果たし、台湾側の信頼を勝ち得ていったからに他ならない。以下に、彼らの具体的な活動を確認しよう。

4　台湾工業技術相談所の業務と日本の機械輸出

設立当初、台湾工業技術相談所が取り扱うサービスは、以下のように想定されていた。

イ）プラント、重軽機械及び家内工業用機械に関する設計、見積、建設、購入等の技術的相談に応ずること。
ロ）機械工業及び機械器具の紹介及び斡旋。
ハ）輸出機械類の操作、維持についての技術的相談に応ずること。
ニ）輸出機械の備付、修理の指導。
ホ）現地工場の能率診断および合理化指導。
ヘ）機械、技術に関する現地事情の調査。
ト）技術者及び工具派遣の斡旋。
チ）留日実習生の受入斡旋。
リ）機械、型録、参考書及び参考品の展示、閲覧室の設置。
ヌ）機械、図書、映画等の技術教育資料の提供。
ル）機械輸出に関する業者の委託調査に応ずること。[31]

開所直後の『貿易館報』（1953年9・10月号）に「大繁盛の台湾工業技術相談所　現在までの引合状況」というタイトルの記事があり、当時の状況が伝えられている。それによれば「戦後台湾に輸出された多数の機械の中、現地にサービス機関が設置されていなかったため、動かすことができないで放

---

(30)　『貿易館報』1963（5）、14ページ。また、開所5カ月の報告記事では、相談所の利用者は本省人が多かったが、外省人の利用者も多かったと述べられている。同、1954（1）「貿易館からのお知らせ」。
(31)　『貿易館報』1953（4）、28ページ。

表6-3 台湾工業技術相談所業務内容(1953年8月〜1954年6月)

	1953年度中	1954年4月中	5月中	6月中
機械診断	17件	6件	4件	2件
実地指導	76件	9件	11件	14件
引合対応		39件	59件	

出所)『貿易館報』各号より筆者作成。

置されていたものも少なくなく、こうした方面から待ってました、とばかり依頼が殺到しているので、機械を動かせるようにして廻るだけでも大変な仕事で、手不足どころの生易しい話ではない」(32)という。開所1年目の相談所が対処した事例からは、かつての日本とのつながりから日本製の機械やその部品を購入した台湾の事業者を落胆させるに十分な状況を読み取ることができる。1954年1月の『貿易館報』「貿易館からのお知らせ」の欄には、「日本製機械の信用復活　台湾工業技術相談所大活躍」というタイトルで、「昨年8月相談所が開設された当時、現地一般の声として、日本の機械は能率が悪く、また機械の輸出に不慣れな商社が取扱ったためか、万事極めて不親切であるという悪評が専らで、日本製機械の輸入禁止の措置がとられる寸前であった」と書かれている(33)。

業務実績を見ると、相談所の仕事は大きく、機械診断、実地指導と機械の引合対応の3つに分けられる（表6-3）。機械診断は、設備機械の調整及び機能の点検、機械の生産能率の判定、操作、据付の誤りの修正、故障個所の発見、部品取換えの必要性等を解明し、指導（クレーム解決）をすることである。実地指導は、工場における機械の据付操作法及び機械の更生法などを指導したものである。数字を見れば、最も件数が多いのは新しい機械の購入に際しての引合であった。

---

(32)「大繁盛の台湾工業技術相談所　現在までの引合状況」『貿易館報』1953 (9/10)、35ページ。
(33)「貿易館からのお知らせ」「日本製機械の信用復活　台湾工業技術相談所大活躍」『貿易館報』1954 (1) 裏表紙。

報告を読んでいると、機械診断と実地指導はほとんどクレーム対応である。機械診断が機械の方に問題があると考えられるケース、実地指導は、機械そのものではなく、本来設置時に調整が必要であったり、エンドユーザー側で何らかの対処が必要であったりしたケースに分けられているようである。機械診断と実地指導が必要となる状況について、第2代の若本洋之助所長が帰国後、『貿易館報』1957年5月号に寄稿した原稿を参考に整理しよう。[34]

　まず、若本は戦後の混乱期に輸出された機械類の中には粗悪品、再生品とみられる非良心的なものもあり、諸所で不評を買ったが、「時宜を得た大阪府出資のこの技術相談所の設置とかつまた日本の復興と反省により漸次この弊は一掃され」たと述べている。その上で、「日本の機械メーカーの一部には機械自体の売込のみを考えて、これに附随した技術を提供していない。この点は欧米の考え方と違っている」と苦言を呈する。そして、私見としながらも以下のような意見を述べている。

(1) カタログ、説明書、仕様書等。もっと懇切丁寧なものを提供する必要がある。

(2) 輸出検査の強化。ときどき不良品、粗悪品が輸入されており、正規ルートではないと思われる輸入もある。

(3) アフター・サービスの強化。工業の勃興期にある国では生産技術に関する質問が多く、また輸入機械類を初めて経験するものが多いから使用法等が徹底しない。

(4) 日本標準規格の徹底強化。JIS規格を徹底せしめておくことが望ましい。

(5) 代理店の一元化。現状は一部機械メーカーが多くの代理商社をもち、徒らに入札の競争をしている。これは安く入札して悪い機械プラントを提供することになる。

(6) プラント類の延払方式。延払方式によらないと欧米のプラントと太刀打できない場合がある。

(7) 日本工業を十分認識せしめる方法を講ずること。日本の工業技術を充分

(34)　若本洋之助「在台生活から拾う」『貿易館報』1957 (5)、1-3ページ。

認識していない人があるので業界の人々の招聘、技術映画の上映、日本商品機械の展覧会開催等が必要。

(8) 修理部品の簡単な送付方法。両国の手続が煩雑なためその間ながい間機械の運転が休止するような場合があった。

(9) 良識ある技術者の選択派遣。優秀な技術者であると同時に精神面の修養のできた人であることが望ましい。⁽³⁵⁾

(10) 梱包の改善。荷造りの不全のため、輸送時の破損が起こる。⁽³⁶⁾

　若本の「私見」と同様のことは、相談所の報告等でも何度も述べられていたことであり、すなわち、輸出された日本の機械について様々なクレームや状況に対応する中で多くの技術者が実感するようなサービスの質改善の問題であった。例えば、1955年4月29日に開催された、在台の日本人技術者の懇談会の発言にも同様の意見がみられた⁽³⁷⁾。この時、台湾には140人ほどの技術者がおり、懇談会には60人が出席していた。因みにこの、技術者の募集や雇用条件の交渉なども工業技術相談所の仕事の一部であった⁽³⁸⁾。懇談会では「本島人は日本製品なら何から何まで優秀品ときめてかかっているが、或る簡単な部分品を日本から取り寄せたところ、使用に堪えなくて、全く失望させられた」との発言もあった。日本ブランドへの評価が完全に失墜する前に、台湾工業技術相談所からの学びがあったことは、幸運だったと言えるかもしれない。

　若本に続いて1957年に着任した山口光夫所長によれば、彼はインド工業技術相談所開設に際して、予算上の理由から台湾の相談所は閉鎖するという予定で赴任した⁽³⁹⁾。しかしながら、台湾側からの強い要望もあり、台湾省工

---

(35) 同上。

(36) これは、他の部分から筆者が付け足した項目である。

(37) 台湾工業技術相談所「台湾で活躍する日本の工業技術者達」『貿易館報』1955 (7)、36-40ページ。

(38) 「現在日本より招聘されている一般技術者の待遇については大体月収200米ドル、住居、食費、渡航費、旅費負担が精一ぱい」と書かれている。「台湾へ機械を輸出する人々に台湾工業技術相談所の業務報告の中から」『貿易館報』1955 (1) 30-31ページ。

(39) 山口光夫「駐台1年の業務報告」『貿易館報』1958 (10)、1-6ページ。

表 6-4 台湾工業技術相談所における技術相談実績（1953 年 8 月～1958 年 2 月）

機種別 \ 協力態様	合弁を希望するもの	技術援助を希望するもの	機械購入を希望するもの	技術指導	合計
繊維機械		4	100	12	116
一般産業機械		16	445	76	537
電気機械	2	3	61	5	71
農機具			5	2	7
食糧機械		3	91		94
製紙機械			18		18
印刷機械		1	24	5	30
化学機械	2	2	103	6	113
冷凍機械			13		13
医療機械		1	3		4
製薬機械		1	23	7	31
木工機械			23		23
工具類			70		70
船舶及同部分品			10		10
その他			118		118
プラント			75		75
小計	4	31	1,182	113	1,330
直ちに現地相談所で処理したもの			280		280
合計	4	31	1,462	113	1,610

出所）『経済協力の現状と問題点』1958 年版、224 ページ。原典には「通商局調」とある。

業会から大使館への働きかけもあって存続が決定したと書いている。このころになると金額の大きな案件は商社や大企業のメーカーなどが直接扱うようになり、相談所に持ち込まれる案件は小規模な機械の購入がメインになっていったという。表 6-4 を見ると、1953 年 8 月の開所から 1958 年の 2 月までの 4 年半の間に受けた相談 1610 件の内、1462 件と 9 割が機械の購入希望であった。機械の種類は一般産業機械が 445 件で 37% を占めている。実は、既出若本の報告では、日本側の機械輸出は不親切であることを批判しながらも、台湾のエンドユーザー側も、機械さえ購入すれば即生産が出来ると考え

表6-5　昭和39年度工業技術相談所の業務取扱件数一覧表
（1964年4月～1965年3月）

業務別 国別	相談業務	引合業務		実地指導		調査 (経済調査 市場調査 等)	その他の業務		備考
		機械の引合	企業提携	技術実施指導	機械診断修理		講習会懇談会等	その他	
台湾	374	316	15	99	12	44	12	741	12月映画会、カタログ展開催
インド	207	790	170	9	11	17	23	203	7月映画会、後援会開催
インドネシア	361	91	0	12	2	18	3	100	
合計	942	1,197	185	120	25	79	38	1,044	

出所）技術協力課「在外工業技術相談所の活動状況」『貿易館報』1965 (6)。

ているのではないかという苦言を呈す一面もあった。そういう意味でも、相談所の働きが、買ったまま塩漬けにされる機械を少しでも減らす役割を果したことは、もっと重視されるべきであろう。

　表6-4を見ると、1950年代にはまだ日本企業との合弁を求めて相談所のドアを叩く人は少なかった。『台湾年鑑』1973年版を確認しても、1950年代の日本企業と台湾企業の技術提携は17件、合弁企業は6社のみであり[40]、ここからは1960年代以降の急拡大を予想することは不可能であった。いずれにしても、工業技術相談所は、1950年代台湾の旺盛な機械需要に応える重要な役割を果し、その役割は1950年代末にはすでに大きな転換点を迎えていたのではないかと考えらえる。

　しかし結果的に継続となった台湾の工業技術相談所は、インド、インドネシアと並んで、1960年代にもその健在ぶりを表していた[41]。台湾の業務は、インドほどではないが機械の引合も多く、それに伴って技術指導の件数も多く、このころ行われた座談会でもまだまだ商機があると述べられている[42]。

　とはいえ、ジャカルタの相談所はこの座談会の2年後、1966年7月1日

---

(40)　台湾問題研究所編『台湾年鑑』1973年度版、パシフィック・ニュース・サービス、259ページ。
(41)　「大阪府の在外工業技術相談所の活動状況」『貿易館報』1965年 (5)、39ページ。
(42)　「工業技術相談所の運営」『貿易館報』1966年 (1)、15ページ。

からタイのバンコクに移転し、カルカッタ相談所は1969年7月30日に閉鎖された。一方、台湾工業技術相談所は1972年6月27日に「所期の目標を達成し」たことを理由に閉鎖された。1987年には大阪府立貿易館がその役割を終え、現在その跡地にはマイドームおおさかが建っている。残りの業務は大阪府商工部ソフト産業振興課に引き継がれた。

5 おわりに

1953年に設置された大阪府の台湾工業技術相談所は、一般的な貿易振興のために商品やサービスを紹介するだけでなく、工場に出向いて機械の据付や調整、試運転からメンテナンスまでを担当するサービスステーション（服務処）であった。本章では、これがなぜ必要とされ、どのように運営され、具体的にはどのような役割を果したのかを考えることを課題とした。

1950年代は日本も台湾も外貨不足に喘いでおり、また、両者は第二次世界大戦後の新しい国際関係の中で、貿易の再開を迎えた。消費財や繊維ではなく、機械輸出という新しい分野で経験や信用を積み重ねていかなければならなくなった日本企業にとって、台湾の民間中小工場は重要な輸出先となっていた。にもかかわらず、日本の機械輸出は、そのマナーにおいても、アフター・サービスにおいても、まだ、それほど洗練されたものではなかったことが相談所の残した数々の業務報告から読み取れた。つまり、日本から機械を購入したが、説明書きもアフターケアーもない状況で使用も出来ず放置したままというエンドユーザーが、台湾に多数存在したことが、工業技術相談所設置の直接の原因であった。日本の機械輸出に対する信用の失墜を防ぐこと、これは相談所に課せられた重要な任務であった。

その背後には、台湾を始め、東南アジアの国々の輸入代替による工業化の流れがあり、ドイツと米国といった欧米の優れた機械と洗練されたコンサルティングサービスとの競争があった。したがって、日本は戦前のような消費財や雑貨の輸出だけではなく、彼らの生産活動を助けるための機械輸出に力

---

(43) 「台湾事務所を閉鎖」『貿易館報』1972（7）、6ページ。
(44) 「大阪府立貿易館の変遷」『大阪あーかいぶす』第18号、1998年。

を入れる必要があったのである。

　本章では、この日本の機械輸出の極初期、起点の部分のみに注目したが、このような貿易の基礎形成は、後のアジアにおけるGVC（Global Value Chain）の形成や、現在日本の国際収支赤字を埋める存在となっている、企業の海外拠点形成へとつながっていく。その流れを、日本から台湾（あるいはアジアNIEs）という垂直的な流れだけではなく、相互作用の成果としてとらえ直すことで、雁行形態とも呼ばれるアジアの発展において、群の編隊の順序は入れ替わりつつも、継続的に飛行して生き残っていく戦略を今後さらに考えていきたい。

執筆者紹介

西村　雄志（にしむら　たけし）
関西大学経済学部教授、博士（経済学）。2005年大阪大学大学院経済学研究科博士後期課程修了。2005年松山大学経済学部専任講師、2008年同准教授、2011年関西大学経済学部准教授を経て2017年から現職。主著にTakeshi Nishimura, 'The Activities of the Yokohama Specie Bank in the Foreign Trade Financing Operations for Raw Cotton before the First World War', Shizuya Nishimura, Toshio Suzuki and Ranald Michie（ed.）The Origins of International Banking in Asia: The Nineteenth and Twentieth Centuries, Oxford University Press, 2012; Takeshi Nishimura, 'From Silver to Gold: The Currency Reforms in Asia Before 1914', Takeshi Nishimura and Ayumu Sugawara（ed.）The Development of International Banking in Asia, Springer, 2020;「インド貨幣制度における金貨の役割」岩橋勝（編）『貨幣の統合と多様性のダイナミズム』晃洋書房、2021年など。

岩橋　勝（いわはし　まさる）
松山大学名誉教授、経済学博士（大阪大学）
大阪大学大学院経済学研究科博士課程中退。1968年大阪大学経済学部助手、1969年松山商科大学（現松山大学）経済学部専任講師、助教授、教授を経て、2012年退職。2020年に徳川賞、2023年に日本学士院賞を受賞。主著に『近世日本物価史研究』（大原新生社）、『近世貨幣と経済発展』（名古屋大学出版会）、編著に『貨幣統合とダイナミズム』（晃洋書房）など。

木山　実（きやま　みのる）
関西学院大学商学部教授、博士（経済学）。1997年同志社大学大学院商学研究科博士後期課程中途退学。1997年愛知大学経済学部専任講師、2001年関西学院大学商学部専任講師を経て、2009年より現職。2001年経営史学会学会賞受賞。主著に『近代日本と三井物産－総合商社の起源－』（ミネルヴァ書房）、「陶磁器業界における技術革新－トンネル窯の導入に注目して－」（『経営史学』第56巻第2号）など。

西村　成弘（にしむら　しげひろ）
神戸大学大学院経営学研究科教授、博士（経済学）。2005年京都大学大学院経済学研究科博士後期課程修了。同年日本学術振興会特別研究員（PD）、2008年関西大学商学部准教授、2015年教授を経て、2024年より現職。主著にOrganizing Global Technology Flows: Institutions, Actors, and Processes（Routledge, 2013, Pierre-Yves Donzé と共編著）、『国際特許管理の日本的展開―GEと東芝の提携による生成と発展

―』（有斐閣，2016 年）、"Patent management and the globalization of firms: the case of Siemens（1890-1945）"（Journal of Management History, Volume 28 Issue 2, 2022, Pierre-Yves Donzé と共著）『日米グローバル経営史―企業経営と国際関係のダイナミズム―』（法律文化社，2024 年）など。

石川　亮太（いしかわ　りょうた）
立命館大学経営学部教授、博士（文学）。2003 年大阪大学大学院文学研究科博士後期課程修了。佐賀大学経済学部講師・准教授、立命館大学経営学部准教授を経て 2014 年より現職。『近代アジア市場と朝鮮――開港・華商・帝国』（名古屋大学出版会、日経・経済図書文化賞）、『交隣と東アジア――近世から近代へ』（岡本隆司編、名古屋大学出版会）、『アジア経済史』上（古田和子・太田淳編、岩波書店）ほか。

北波　道子（きたば　みちこ）
関西大学経済学部教授、博士（経済学）。2002 年関西大学大学院経済学研究科博士課程後期課程修了。2007 年関西大学経済学部講師を経て 2015 年より現職。主著に『後発工業国の経済発展と電力事業－台湾電力の発展と工業化－』（晃洋書房、2003 年）、堀和生・中村哲編著『日本資本主義と朝鮮・台湾』第 7 章（京都大学学術出版会、2004 年）、石田浩編著『中国農村の構造変動と三農問題』第 6 章（晃洋書房、2005 年）、佐藤幸人編『台湾の企業と産業』第 5 章（アジア経済研究所、2008 年）、共編著『交錯する台湾認識：見え隠れする「国家」と「人びと」』（勉誠出版、2016 年）、赤松美和子・若松大祐編『台湾を知るための 72 章』（明石書店、2022 年）、共編著『カジノ・ゲーミング事業をめぐるガバナンスの研究』第 1 章（関西大学出版部、2023 年）など。

関西大学経済・政治研究所研究双書 第184冊
関西経済とアジア
歴史的視座からの考察

2025年3月31日　発行

著　　者	西村雄志　岩橋　勝 木山　実　西村成弘 石川亮太　北波道子
発 行 者	関西大学経済・政治研究所 〒564-8680 大阪府吹田市山手町 3-3-35
発 行 所	関西大学出版部 〒564-8680 大阪府吹田市山手町 3-3-35 TEL 06-6368-1121(代) / FAX 06-6389-5162
印 刷 所	協和印刷株式会社 〒615-0052 京都府京都市右京区西院清水町 13

©Takeshi NISHIMURA, Masaru IWAHASHI, Minoru KIYAMA,
Shigehiro NISHIMURA, Ryota ISHIKAWA, Michiko KITABA
2025 Printed in Japan
ISBN978-4-87354-796-1 C3033　落丁・乱丁はお取替えいたします

JCOPY ＜出版者著作権管理機構委託出版物＞

本書の無断複製は著作権法上での例外を除き禁じられています。複製される
場合は、そのつど事前に、出版者著作権管理機構（電話 03-5244-5088、FAX
03-5244-5089、e-mail: info@jcopy.or.jp）の許諾を得てください。

Economic & Political Studies No.184

The Development of Businesses in Kansai with the Relations to Asia from a Historical Perspective
(原題：関西経済とアジア—歴史的視座からの考察—)

Takeshi NISHIMURA, Masaru IWAHASHI, Minoru KIYAMA,
Shigehiro NISHIMURA, Ryota ISHIKAWA, Michiko KITABA

(西村雄志、岩橋　勝、木山　実、西村成弘、石川亮太、北波道子)

Introduction
Overview of the Development of Businesses in Kansai with Relations to Asia from a Historical Perspective
Takeshi NISHIMURA

Chapter 1
The situation of the Kansai economy in the early Meiji period
Masaru IWAHASHI

Chapter 2
A Study on the Establishing Process of "General Trading Company" SUMITOMO Corporation: Forcusing on its Human Resources
Minoru KIYAMA

Chapter 3
Glass industry and patents in Osaka
Shigehiro NISHIMURA

Chapter 4
Seaweed trade as industrial materials from modern Korea to Osaka: Gloiopeltis tenax, Gloiopeltis furcata and Gelidium elegans
Ryota ISHIKAWA

Chapter 5
The Development of the Business of the Hongkong and Shanghai Banking Corporation and its Contribution to Foreign Trade Financing in Kobe at the Beginning of the Twentieth Century
Takeshi NISHIMURA

Chapter 6
A Study of Japanese Machinery Exports in the 1950s and Japan Engineering Consultant Office, Taiwan
Michiko KITABA